ROMEON
VERLAG

**Die Bibel - ein menschliches Buch, Logos und Mythos**
1. Auflage, erschienen 02-2023

Umschlaggestaltung: Romeon Verlag
Text: Angela Madaus
Layout: Romeon Verlag

**www.romeon-verlag.de**


**Bibliografische Information der Deutschen Nationalbibliothek:**
Die Deutsche Nationalbibliothek verzeichnet diese Publikation in der Deutschen Nationalbibliografie; detaillierte bibliografische Daten sind im Internet über *http://dnb.dnb.de* abrufbar.

R1448 rv102

Angela Madaus

# Die Bibel - ein menschliches Buch

## Logos und Mythos

In Dankbarkeit meinen Eltern und

meiner Familie gewidmet.

## Vorwort
## Die Bibel – ein religiöses und literarisches Phänomen

Die Bibel ist unbestreitbar ein besonderes Buch. Es stellt sozusagen das Gründungsdokument einer Weltreligion, des Christentums, dar. Es ist aber auch ein zutiefst menschliches Buch, weil es von menschlichen Grunderfahrungen berichtet. Die Bibel ist jedoch weder ein Helden-Epos noch eine Sammlung von Mythen oder eine Anleitung für ein moralisch gelingendes Leben, sondern die Bibel spricht vom Zusammentreffen menschlicher Erfahrung und göttlicher Offenbarung.

In der Bibel sind aber auch verschiedene geistige Ströme ineinander geflossen: griechische Sprache und Kultur, absorbiert durch die Weltmacht Rom, Kultivierung der Religion durch den Monotheismus, den Ein-Gott-Glauben in seiner Prägung durch das jüdische Volk, das neben Jahwe in der Diaspora noch andere Götter kennengelernt hat, die es teils übernommen, teils abgewehrt hat. In der Bibel hat sich schließlich auch ein mythischer Bodensatz erhalten, der noch in den einzelnen biblischen Erzählungen durchschimmert. Die poetische Schöpfungsgeschichte ist wohl der bekannteste Mythos, der aber in seiner biblischen Fassung entmythologisiert wurde und so zum Hymnus auf den Schöpfergott wurde.

Die Bibel ist in vielen Jahrhunderten entstanden, und es erstaunt nicht, dass sie als kulturelles Gedächtnis das meist gelesene und übersetzte Buch der Menschheit geworden ist. Sie bewahrt und deutet kollektive Erfahrungen, die Menschen über viele Jahrhunderte hinweg gemacht haben, vermittelt diesen Erfahrungsschatz von Generation zu Generation weiter und stellt so ein universales literarisches Zeugnis dar, das seit 2000 Jahren im Alltag und in Kunst und Literatur nachhaltig rezipiert wird.

# Inhaltsverzeichnis

# 1. Einleitung

Die Bibel richtig zu lesen, stellt eine Herausforderung besonderer Art dar. Lesen bedeutet hier, sich auf eine eigenartige Sprache einlassen, sich in eine andere Welt aufmachen, aber auch wieder zurückkommen in die Gegenwart, die Bibel zurück-übersetzen in das Heute.

Diese Übersetzungsarbeit ist notgedrungen eine persönliche und eine unabgeschlossene, manchmal eine vorläufige, abhängig vom Auffassungsvermögen und von der Offenheit des Lesers. Die Bibel hat eine Botschaft, die durch Menschen übermittelt wird, die sich als Zeugen eines Heilsereignisses verstehen. Sie ist deshalb auch keine Ansammlung kluger Sätze und Beispiele im Sinne einer Kasuistik, sie ist keine Sittenlehre, die für alle Wechselfälle des Lebens eine Antwort bereithält, sie zeigt einfach Menschen vor Gott.

Deshalb ist die Bibel ein zutiefst menschliches Buch; nichts Menschliches ist ihr fremd. Die Bibel erzählt von einzelnen Menschen in ihren Ängsten, Freuden, Leiden, von Scheitern, Hoffnungslosigkeit, aber auch von Hoffnung wider alle Vernunft. Sie spricht ferner von Menschen in ihrem jeweiligen Sozialgefüge, die in besonderem Maße der verständnisvollen Kommunikation und des Schutzes bedürftig sind.

Menschlich bedeutet in diesem Sinne ein Qualitätsurteil, etwas, was dem Menschen zukommt, was ihn ausmacht als Mensch. Der Mensch, ein sinnliches und rationales (im Sinne von Vernunft plus Verstand), aber auch ein irrationales Wesen, ein Wesen ohne festgelegte Bestimmtheit, *das nicht festgestellte Tier*, wie es Nietzsche ausdrückt. Der Mensch ist frei und abhängig zugleich. Er kann und muss Entscheidungen treffen. Er kann Großes vollbringen, sich aber auch bewusst und unbewusst irren und täuschen, er kann sich für das Böse entscheiden, dem und den Mitmenschen in vollem Bewusstsein etwas zuleide tun, unmenschlich handeln, in letzter Konsequenz heißt das, er kann töten wollen.

Für alles, was er tut, ist er deshalb vor sich selber – vor seinem Gewissen – und vor dem Nächsten verantwortlich.

*Die Bibel, das ist die Priorität des Anderen im Verhältnis zu mir.*

***(Emmanuel Levinas)***

# 2. Utopie und Religion

*Dieses Suchen und Finden in allem, was lebt und sich regt, in allem Werden und Wechsel, in allem Tun und Leiden, und das Leben selbst im unmittelbaren Gefühl nur haben und kennen als dieses Sein, das ist Religion.*

***(Friedrich Schleiermacher, Reden über die Religion)***

*Alle Religion war Wunschwesen, (…) aber sie war kein zersplittertes oder begrenztes Wunschwesen, sondern totales, und keine völlig nichtige Illusion, sondern versucherische, mit einer Vollendung im Sinn, die nicht ist.*

***(Ernst Bloch, S.1415)***

Ernst Bloch beschreibt den utopischen Charakter, aber auch den Ernst von Religion: Religion ist die Suche nach einem vollendeten, umfassenden Sinn, der mich ganz und gar fordert, dem ich mich immer wieder anzunähern suche, im Wissen, dass er immer zukünftig bleiben wird, nie einfach nur ist.

Religion ist nichts Gegebenes, ist aber erfahrbar, existenziell als *unmittelbares Gefühl* (Schleiermacher) oder als *Illusion* (Bloch), wobei sich im Wort *Illusion* eine Doppelbedeutung versteckt, nämlich *spielen* (lat. *ludere*) und *ein Spiel treiben, täuschen, verspotten* (von lat. *illudere*). Spiel als Metapher für Religion ist nur in seiner Abart negativ oder oberflächlich. In seiner Grundbedeutung drückt das Wort eine Tätigkeit aus, die mit Freude und Ernst verrichtet wird. Das Spiel erfordert die zielgerichtete Hingabe an die Sache und den ganzen Einsatz des Spielenden. Sein Sinn liegt – wie der Sinn der Religion – im *versucherischen* Tun, im immer wieder neu Tun.

Religion ist aber mehr als ein illusionäres Spiel. Die Religion stellt uns ein ganzheitliches Wunsch- und Idealbild mit dem Anspruch auf *Vollendung im Sinn*, – wenn auch nicht der Realität nach, – vor Augen. Religion weist deshalb einen ihr immanenten

Hoffnungsüberschuss auf, wofür es, wie Ernst Bloch im *Prinzip Hoffnung* ausführt, in unserer religiösen Kultur eine bestimmte Folie gibt, nämlich die Messias-Idee, die allerdings älter ist als der Messias-Glauben. Was diese Idee in ihrer jüdisch-christlichen Ausprägung jedoch von anderen Kündern und Religionsstiftern wie beispielsweise Buddha oder Zoroaster, einem Zeitgenossen des Propheten Ezechiel (alle drei um 600 v. Chr.), unterscheidet, ist die *Wucht der Prophetie*, die Israel *in diesem einzigartigen Maße zu einem Volk der Erwartung und des Harrens* machte (Max Weber zitiert nach Ernst Bloch, a.a.O., S. 1463. Im Neuen Testament ist es die utopische Frohbotschaft in der Form einer *Realerinnerung* (Bloch, S.1501) an Jesus Christus, den Menschensohn, dessen Lebensprogramm seit 2000 Jahren Menschen anspricht und herausfordert.

> *Der Messianismus ist in der Religion die Utopie, die das Ganz Andere des Religionsinhalts in jener Form sich vermitteln läßt, worin es keine Gefahr von Herrensalbung und Theokratie enthält:(...) als das Wunderbare.*
>
> ***(S.1464)***

# 3. Die Rezeption der Bibel

*Religion ist nicht primär eine Verstandestätigkeit, sondern eine Herzensangelegenheit. –*
*Die göttliche Wahrheit ist nicht von erster Linie etwas, was uns intellektuell einleuchtet, sondern was wir … als eine Wirklichkeit erfahren. In ihren ästhetischen Vermittlungen überwältigt uns diese Wirklichkeit, sie reißt uns mit, verschlingt uns, aber sie macht uns etwa in der Musik einfach auch Freude.*

***(Navid Kermani im Interview mit der Frankfurter Rundschau am 22.8.2015)***

Die Kultur Europas bedient sich eines gemeinsamen Vorratsschatzes, dem der Bibel. Im Westen war das sprachliche Fundament dafür über lange Zeit das Lateinische. Christliche Impulse wirkten dann aber weiter in den jeweiligen Nationalsprachen, die den Menschen erst eigentlich die Zunge gelöst haben. Im deutschen Sprachraum schuf Martin Luthers Bibelübersetzung nicht nur das frühe Neuhochdeutsch, sondern er machte mit seiner kraftvollen, allgemein verständlichen Sprache auch die Inhalte der Bibel dem ganzen Volk verständlich, eine wichtige Voraussetzung für die Verbreitung der Reformation. Seine Übersetzung der Psalmen wurde zum Liedgut in den christlichen Kirchen, und in der Vertonung von Heinrich Schütz, Johann Sebastian Bach, über Felix Mendelssohn-Bartholdy bis Antonín Dvořák und Jean Sibelius gehören sie zum anspruchsvollen Repertoire der Kirchenchöre (der am häufigsten vertonte und gesungene Psalm dürfte *Gott ist mein Hirte* sein).

Biblische Sprache ist aber noch wirkmächtiger; sie stellt, wie es der katholische Theologe Karl-Josef Kuschel ausdrückt, ein generelles *Expressionsreservoir* dar, aus dem munter geschöpft wird. So findet sich biblisches Substrat im Deutschen in vielen ganz selbstverständlich benutzten so genannten geflügelten Worten im Umgangswortschatz.

Hier eine willkürliche Auswahl:

*diese Krankheit führt nicht zum Tode, weise wie Salomo, ein ungläubiger Thomas, arm wie Lazarus, wie im Paradiese leben, an den Fleischtöpfen Ägyptens sitzen, dem Mammon dienen, Jeremiaden anstimmen, von Pontius zu Pilatus laufen, jemandem die Leviten lesen, hier geht es zu wie in Sodom und Gomorrha, alt wie Methusalem, Matthäi am Letzten …*

Letzteres Bonmot geht auf Martin Luther zurück. In seinem Katechismus, im 4. Hauptstück (Über das Sakrament der Taufe) werden die letzten Sätze des Matthäus-Evangeliums zitiert, in der es um die Aussendung der Jünger geht, mit der Verpflichtung, das Evangelium zu verkünden und zu taufen. Luther verbindet hier in der Verwendung des lateinischen Genitivs den Verfasser scheinbar mit dem Weltuntergang: *Da unser Herr Jesus spricht Matthäi am Letzten: Seid gewiss: Ich bin bei euch alle Tage bis zum Ende der Welt* (Mt 28,20). Und in der Rezeption setzt dann das Sprichwort den leeren Beutel dem Weltuntergang gleich. Die Konnotation – leerer Beutel gleich Weltuntergang – hätte vielleicht sogar Matthäus, dem Zöllner und Geldeintreiber, gefallen!

Trotz aller Säkularisierung im Gefolge der Aufklärung werden biblische Stoffe und Narrative offensichtlich bis auf den heutigen Tag in Kunst und Literatur und, wie man sieht, auch in der Alltagssprache rezipiert, und sie dienen, verfremdet oder widerborstig, als Folie zur Verdeutlichung anthropologischer Grundfragen. So können christliche Narrative menschlicher Erfahrungen zu Spiegelbildern und Projektionsflächen werden, etwa die Gestalt Maria Magdalenas, die (unbiblisch) als Typus der Sündenheiligen in der Kunst tradiert wird, oder Hiob als Chiffre für die Grenzerfahrung des Ausgeliefertseins. Die Bibel kann sogar *Diagnosemedium* (Karl-Josef Kuschel) sein, wie in Rainer Maria Rilkes *Engelliedern* und vor allem den *Duineser Elegien,* in denen der bedürftige Mensch mit seinem persönlichen Schutzengel beständige Zwiesprache hält (*euch* (Engel) *frag ich nach uns*), weil er mit ihm in einer symbiotischen Beziehung lebt. Sein ihm von Gott zugewiesener Engel zeigt ihm Gegenbilder zur *gedeuteten Welt* als einer begrenzten Welt und gibt ihm in schwierigen Lebenssituationen Trost, Geborgenheit und Halt, indem er ihn in den Bereich des inneren, geistig imaginativen Lebens geleitet. In der Unmittelbarkeit des Erlebens macht das lyrische Ich so schließlich die Erfahrung eines gesteigerten, intensiveren Lebens:

*Ich ließ meinen Engel lange nicht los*
*und er verarmte mir in den Armen*
*und wurde klein, und ich wurde groß:*
*und auf einmal war ich das Erbarmen,*
*und er eine zitternde Bitte bloß.*

*Da hab ich ihm seine Himmel gegeben,-*
*und er ließ mir das Nahe, daraus er entschwand;*
*er lernte das Schweben, ich lernte das Leben,*
*und wir haben langsam einander erkannt…*

***(Rainer Maria Rilke)***

Bei Thomas Mann und Bert Brecht ist die Bibel zwar auch eine Möglichkeit der Selbstdeutung, aber sie dient vor allem als Folie für die Darstellung gesellschaftlicher Verwerfungen, Entgleisungen, Ungerechtigkeiten oder Verbrechen, wobei der immanente Bezug auf die Bibel dem jeweiligen Autor eine literarische Distanzierungs- und Verfremdungsmöglichkeit bietet.

Thomas Mann arbeitet sich geradezu an der Bibel ab. Die biblische Josephs-Geschichte bot ihm dabei *das archetypische Muster für eine Karriere im Exil – und damit dem unverhofft selbst ins Exil geratenen Autor viele Möglichkeiten für subtile Spiegelungen* (Deutschlandfunk, 30.9.2018).

Religiöse Bezüge, Bilder und Zeichen sind unverkennbar in vielen anderen seiner Romane auffindbar – beispielsweise im *Doktor Faustus*. Es gibt hier sogar explizit theologische Passagen. Adrian Leverkühn studiert Theologie, wendet sich dann davon ab und der Musik zu, und der Teufel begleitet ihn in mancherlei Gestalt auf seinem Lebensweg. Als Theologe (auf dem Gebiet kennt sich der Teufel nach seiner eigenen Aussage gut aus) oder als Zuhälter führt er Adrian immer wieder in Versuchung und immer tiefer in die Kälte des vergeistigt leidenden Einzelgängers, der für die Suche nach dem genialen Werk mit dem Bösen einen Pakt eingeht und sich seiner Umwelt immer mehr entfremdet. Die Wirkung des Teufels zeigt sich darin, dass die christlichen Werte und Topoi verkehrt werden: So führt die *enge Pforte* nicht in den Himmel, sondern in die Hölle, und Liebe gibt es nur andeutungsweise (so Adrians Liebe zu seinem Neffen, der als Strafe für diese in Adrians Augen verbotene Liebe stirbt) oder pervertiert, in der Sexualität mit einer Prostituierten). Das Böse dominiert. Über den Hochmut hat der Teufel Adrians Seele gewonnen. Die Pervertierung der christlichen Werte spiegelt sich in Adrians immer diabolischer werdenden Musik mit ihrer Umkehrung aller musikalischen Prinzipien. Folgerichtig endet Adrian in der Verzweiflung, in heilloser Sündhaftigkeit.

Auch der Dramatiker Bert Brecht, aufgewachsen im katholischen Augsburg als Kind einer protestantischen Mutter und eines katholischen Vaters, hat sich ein Leben lang mit der Bibel beschäftigt. Sie war seine Lieblingslektüre, vielleicht weil die Sicht der Bibel immer eindeutig, jedoch nicht eindimensional ist und dadurch die beste Vorlage für Brechts Sprache und Thematik bot. In seinem Werk finden sich durchgängig biblische Bezüge und Zitate. Den motivatorischen Impuls für seine gesellschaftskritischen Anklagen bezieht er, wie er selber ausführt, aus den großen moralischen Kategorien des Christentums wie Leid, Sünde, Verdammnis.

In Bertold Brechts wohl bekanntestem Antikriegsstück *Mutter Courage und ihre Kinder,* geschrieben 1939 im dänischen Exil, uraufgeführt 1941 in Zürich, beschreibt die gleichnamige Protagonistin scheinbar ungerührt, ja sarkastisch den merkantilen Aspekt des Krieges: *Der Krieg ist nichts als die Geschäfte / Und statt mit Käse ists mit Blei.* Weil das so ist, zieht die Marketenderin Courage mit ihrem Planwagen durch die vom dreißigjährigen Krieg zerstörte Welt und hofft, sich aus dem Krieg, der ihre Einkommensquelle darstellt, heraushalten zu können. Sie denkt ökonomisch und handelt *couragiert*, allerdings im Sinn von skrupellos opportunistisch zu verstehen, wird dabei aber realitätsblind, und so verliert sie alle ihre drei Kinder an diesen Krieg, den sie schließlich verflucht, ohne eine Lehre daraus zu ziehen. Auf sich allein gestellt, folgt sie mit ihrem Planwagen weiterhin dem Zug der Soldaten:

*Das Frühjahr kommt. Wach auf, du Christ!*
*Der Schnee schmilzt weg. Die Toten ruhn.*
*Und was noch nicht gestorben ist,*
*Das macht sich auf die Socken nun.*

# 4. Bibelrhetorik

Zugang zum Christentum fanden in der Spätantike zunächst eher einfachere Leute und Frauen. So nennt die Apostelgeschichte neben Barnabas und Timotheus einige Frauen, wie Priscilla, Aquila und Lydia, als Mitarbeiterinnen von Paulus. Vor allem Gebildete taten sich jedoch oft schwerer. Die Ablehnung hatte mehrere Gründe. Ein nicht unbedeutender Grund war literarischer Art. Man kann sich vorstellen, dass die Psalmen aufgrund ihrer sprachlich gebundenen Form noch am ehesten auf Wohlwollen stießen. Anders stand es jedoch mit den Evangelien. Deren Sprache wurde als simpel und kunstlos empfunden, ihr Sujet war zudem abstoßend, handelten sie doch ausschließlich von gewöhnlichen Menschen, ja sogar von Minderwertigen und Geächteten, wie Fischern, Zöllnern und Huren, die – gesellschaftlich provokant – auch noch erhöht und als Maßstab vorgestellt wurden.

Die Verbreitung der christlichen Lehre konnte deshalb nur über die Aneignung und Nutzung bekannter Regeln der Textbehandlung und der Stilistik, die dann eben auch für die Vermittlung biblischer Inhalte genutzt wurden, geschehen, also über die Nutzbarmachung der antiken Rhetorik für die christliche Verkündigung. Dafür setzten im 4. Jahrhundert die hochgebildeten Theologen und Rhetoriker Ambrosius von Mailand und Augustinus von Hippo (Letzterer in: *De doctrina christiana*) Maßstäbe. In einer Doppelstrategie mussten zum einen die Verkünder der göttlichen Wahrheit, also die Kleriker, rhetorisch geschult werden (so Ambrosius in: *De officiis ministrorum*), zum andern musste sich die christliche Rhetorik von der paganen Rhetorik abgrenzen und ihre Überlegenheit beweisen. Predigt und Rhetorik gingen so eine Verbindung ein, die sich durch gegenseitige Abhängigkeit auszeichnete, ja geradezu zu einer Symbiose von Homiletik/ Predigtkunst und Rhetorik/Redekunst führte, wobei die Rhetorik rein funktional verstanden wird. Sie ist Instrument der Verkündigung, allerdings nach Auffassung der beiden Kirchenväter ein unverzichtbares.

*Rhetorik ist ... ein basales Verfahren, um das Wort Gottes...zu erklären, zu verbreiten und zu schützen.*

***(Sophia Vallbracht, S.182)***

# 5. Befreiung und Gerechtigkeit

## 5.1 Der Exodusgott

*Ich bin der Herr, dein Gott, der dich aus dem Land Ägypten geführt hat, aus dem Sklavenhaus.*

***(Ex 20,2)***

### 5.1.1 Moses

Die Moses-Statue von Michelangelo (1475-1564) in San Pietro in Vincoli ist neben seiner Pietà die vielleicht größte Attraktion Roms. Sie verweist in ihrer dramatischen Strenge auf den unerbittlichen, ja gewalttätigen Moses. Nach links gewandt, stützt Moses seine rechte Hand auf die Gesetzestafeln, mit seiner Linken fasst er sich in den langen Bart. Michelangelo stellt ihn unmittelbar nach seinem Abstieg vom Berg Sinai dar, als er die Israeliten beim Tanz um das Goldene Kalb vorfindet (Ex 32,1-4), worauf er erzürnt die Ermordung der Abtrünnigen befiehlt (32,27).

Aber wie kommt Moses zu seinen Hörnern? Wohl auf Grund eines Übersetzungsfehlers. In der Vulgata des Hieronymus hieß es, Moses sei, als er vom Berg herabstieg, *cornutus,* also gehörnt, gewesen. Das entsprechende hebräische Wort, das dieser Übersetzung zugrunde liegt, wurde auf Grund der im Hebräischen fehlenden Vokale wohl falsch ausgesprochen, sein Inhalt – auf Moses bezogen – dadurch verfälscht wiedergegeben. Aus dem *strahlenbekränzten* Moses (lat. *coronatus*) wurde der *mit Hörnern versehene.* Trotz diverser Richtigstellungen durch kirchliche Autoritäten, u.a. durch Thomas von Aquin, hielt sich die falsche Darstellung in der Kunst weiterhin. Plastische Irrtümer haben wohl generell die Tendenz, sich zu verfestigen!

Die Entstehung von Michelangelos *Moses* hat eine lange Geschichte. 1505 bekam der gerade mal dreißigjährige Künstler vom 1503 gewählten Papst Julius II. den Auftrag, für ihn ein Grabmal zu konzipieren, zunächst vorgesehen für die Aufstellung in der Peterskirche, die gerade im Entstehen war. Realisiert wurde das Projekt schließlich 40 Jahre später, lange nach Julius´ Tod im Jahr 1513, als abgespecktes Programm in der Kirche S. Pietro in Vincoli, an der Julius als Kardinal Giuliano della Rovere gewirkt hatte. Aufgrund der langen Entstehungszeit, der Reduktion des Projekts und der Mitwirkung vieler Künstler weist das Grabmal kein kohärentes ikonographisches Programm auf. Es entsprach in seiner Realisierung auch nicht mehr Michelangelos Intention. Nach seiner Konzeption hätte Moses, da auf Untersicht gearbeitet, seinen Platz freistehend und auf einer oberen Plattform in einer Figurennische finden sollen. Michelangelo beschrieb daher das endgültige Figurenensemble enttäuscht als *opera risecata,* als *abgeschnittenes Werk.*

Die Marmoranlage ist zweigeschossig. Im oberen Geschoss befindet sich Maria mit dem Kind in der Mitte, darunter der Sarkophag mit der Liegefigur Julius´ II., rechts und links je eine Figur, eine Sybille und ein Prophet.

Nur die drei Statuen im Untergeschoss sind Michelangelos Werk, Rahel zur Linken von Moses stellt allegorisch die *vita contemplativa* dar, Lea zu seiner Rechten die *vita activa.* Die zentrale Figur jedoch ist und bleibt Moses in der Mitte. Michelangelo hat sie wahrscheinlich schon 1515 fertiggestellt. Sie unterscheidet sich deshalb in ihrer Ausführung deutlich von den beiden Frauengestalten. Neben der Pietà in der Peterskirche, von Michelangelo zwanzigjährig geschaffen, stellt sie sein zweites Meisterwerk im Stil der Hochrenaissance dar. In ihrer heroischen Monumentalität und Expressivität zieht die Mosesgestalt jeden Betrachter in den Bann, und sie hat im Laufe der Jahrhunderte zu vielfältigen Deutungen den Anlass gegeben und Künstler immer wieder zur Auseinandersetzung mit dem Sujet und seiner Darstellung herausgefordert.

Abb. 1: Hans Joachim Madaus, Hommage à Michelangelo

*Das Antlitz von hoher Schönheit ist das eines wahrhaft heiligen und ehrfurchtgebietenden Fürsten; bei seiner Betrachtung meint man, er werde nach einem Schleier verlangen, um sein Angesicht zu verhüllen – so viel Licht und Glanz strahlt es aus, so treulich ist die Herrlichkeit dargestellt, die Gott den Zügen des Propheten verliehen hatte…, kurz, alle Teile sind so herrlich vollendet, dass man Moses nun mehr denn je den Liebling Gottes nennen kann, da er ihm vor allen anderen durch die Hand des großen Michelangelo den Leib zur Auferstehung hat bereiten wollen.*

***(Giorgio Vasari, S.503)***

Die Stifterfigur Moses, heute fast einhellig als historische Figur betrachtet, fasziniert außer Theologen und Ägyptologen, die sozusagen berufsbedingt mit Moses zu tun haben, die unterschiedlichsten Menschen, Psychoanalytiker (Siegmund Freund), Künstler und Schriftsteller, ja sogar Musiker.

Abb.2: Hans Joachim Madaus, Partitura Ricardi, Illustration zu Rossinis Oper: Moses in Ägypten, Mischtechnik, 1994

Abb.3: Hans Joachim Madaus, Partitura Ricardi, Illustration zu Rossinis Oper: Moses in Ägypten, Mischtechnik, 1994

Gioacchino Rossinis große dreiaktige Oper *Mosé in Egitto – Moses in Ägypten,* die Rossini 1818 für die Passionszeit komponierte, wird zwar nicht allzu häufig aufgeführt, vor nicht so langer Zeit beispielsweise 2009 bei den Salzburger Festspielen und 2018 in

Bregenz am Bodensee, aber zumindest die große Liebesarie von Elcia und Osiride (*mi manca la voce – mir versagt die Stimme*) und das große Gebet der Israeliten vor dem Durchzug durch das Rote Meer am Ende des dritten Aktes (*Dal tu stellato soglio, Signor, ti volgi a noi – Von deinem Sternenthron, o Herr, wende dich zu uns*) sind jedem Opernfreund bekannt. Das Gebet aus dem Finale des *Moses* wurde zusammen mit dem Gefangenenchor der Hebräer (*Va pensiero, sull'ali dorate – Flieg, Gedanke, auf goldenen Schwingen*) aus Verdis *Nabucco* sogar zur Befreiungshymne Italiens. Vor allem die Chöre dieser Oper sind, wie die großen Romanciers des französischen Realismus und Bewunderer Verdis, Stendhal (der französische Konsul Henri Beyle, der sich als Autor nach Winckelmanns Geburtsort, der Hansestadt Stendal, *Stendhal* nannte) und Honoré de Balzac rühmen, von erhabener Heiligkeit und preisen sinnfällig und emotionsgeladen die Macht Jahwes. Sie erinnern allerdings – thematisch logisch – eher an ein Oratorium als an eine Oper; nicht von ungefähr wird in der Kritik deshalb immer wieder auf Haydns *Schöpfung* oder Mozarts *Requiem* verwiesen. Die Nähe zur katholischen Kirchenmusik wiederum hat beispielsweise den Protestanten Goethe abgeschreckt. Seiner Meinung nach gehören Gebete ins stille Kämmerlein und nicht in die Oper. – Diese Meinung muss man allerdings nicht unbedingt teilen!

### 5.1.2 Das Buch Exodus

Der Pentateuch, die fünf Bücher Moses, stellen eine literarische, allmählich gewachsene Einheit dar. Ihre Konzeption ist sehr kunstvoll, was sich auch am zweiten Buch, dem Buch Exodus, entstanden wahrscheinlich im 6. Jahrhundert v. Chr., zeigt.

Dieses besteht aus zwei Teilen. In den Kapiteln 1-18 wird der Auszug der Israeliten aus Ägypten und ihre vierzigjährige Wanderung durch die Wüste zum Berg Sinai geschildert. Der zweite Teil, Kapitel 19-40, umfasst die Erscheinung Gottes am Sinai, den Bundesschluss, den Tanz um das Goldene Kalb (32,4), die Erneuerung des Bundesschlusses und die Übermittlung des Dekalogs, der 10 Gebote (Ex 20,1-17), und weitere Vorschriften und liturgische Bestimmungen. Die beiden Teile werden durch die Person Moses zusammengehalten. Zu Beginn ist Mose der Retter der Israeliten, ihr Führer durch die Wüste und das Rote Meer, im zweiten Teil der Übermittler von Gottes Willen und so die zentrale Mittlergestalt zwischen Gott und den Israeliten. Rettung, Erlösung und Befreiung sind in seiner Person paradigmatisch miteinander verflochten.

> *Mit Moses geschah ein Sprung im religiösen Bewusstsein, und er ward durch ein Ereignis vorbereitet, das den bisherigen Religionen ... das entgegengesetzteste ist: durch Rebellion, durch den Auszug aus Ägypten.*
> *Der Sinaigott ... blieb durch Moses nicht der Lokalgott eines Vulkans, er wurde zum Geist des Exodus*
>
> ***(Hervorhebung von Ernst Bloch, S.1453)***

Gott selber steigt herab, um sein Volk der Hand der Ägypter zu entreißen (Ex 3), mit dem Versprechen, es ins Gelobte Land zu führen, ins Land, in dem Milch und Honig fließen (Ex 3,8). Gott, der *Ich bin, der ich bin,* geht seinem Volk in einer Wolkensäule voraus (13,21), zieht mit ihm durch die Wüste, speist es mit Manna, das wie Honigkuchen schmeckt (16,31), kommt in einer Wolke, wenn er mit Moses spricht, und will, dass es alle hören (19,9), er ist ein präsenter und deshalb vielleicht auch ein eifersüchtiger Gott: Moses muss ihn beschwören und inständig bitten, von seinem Zorn gegen die treulosen Israeliten abzulassen. Er erinnert ihn erfolgreich daran, dass dieses sein auserwähltes Volk ist, das er aus Ägypten geführt hat, worauf sich Gott erweichen lässt, – allerdings nur um Mose willen, wie Jahwe selber ausdrücklich sagt. (Ex 32,12-17).

### 5.1.3 Das Buch Deuteronomium (das zweite Gesetz)

Das fünfte Buch des Pentateuchs beinhaltet in einer großen Rede Moses die Wiederholung des *ersten Gesetzes*, das in den Büchern Exodus (zweites Buch) bis Numeri (viertes Buch) vorgestellt wird, unterscheidet sich inhaltlich und sprachlich – und dadurch insgesamt literarisch – deutlich von den anderen Büchern Moses. Kennzeichnend ist der besondere ermahnende Stil. Es handelt sich hier um eine Art Lehrbuch der Pädagogik, das von einer weit zurückliegenden Zeit erzählt, mit dem Zielpunkt aber auf die Gegenwart, das 6. Jahrhundert, gerichtet. Zum ersten Mal wird im Buch Deuteronomium der Monotheismus deutlich ausgeformt. Die zehn Gebote werden wiederholt, verbunden mit eindringlichen Warnungen und Ermahnungen: *Höre Israel!* (6,4-9). Die Israeliten werden vor dem Einzug in das Gelobte Land auf ein Zentrum, den Tempel in Jerusalem und die Treue gegenüber dem Wort Gottes eingeschworen. In einem feierlichen Bundesschluss mit der neuen Generation gibt Gott Mose seine Abschlussbotschaft.

Mose selber stirbt auf dem Berg Nebo vor dem Eintritt ins Gelobte Land. Die Schlussverse rühmen seine Sonderstellung: *Es stand hinfort in Israel kein Prophet auf wie Mose.*

Das Buch Deuteronomium kann auch als politisches Buch gelesen werden: Es ist zunächst ein einseitiger Bundesschluss, Gott tritt sozusagen in Vorleistung; er schließt einen Bund mit seinem Volk, und er verlangt dafür dessen Gehorsam. Weiterer Mittler bedarf es nicht. Jeder Einzelne ist direkt verantwortlich. Es gibt zwar Priester und auch einen heiligen Ort, den Tempel in Jerusalem. Aber den Priestern kommt keine eigenständige religiöse Autorität zu, genau so wenig wie dem König. Autorität besitzt allein die Thora, das Wort Gottes.

# 6. Frauen im Alten Testament

Die Bibel wurde von Männern verfasst, was nicht gehindert hat, dass Frauen nicht nur vorkommen, sondern zum Teil prominent vorkommen: so im Neuen Testament Maria, die Mutter Jesu, Maria von Magdala und Martha und Maria, die treuen Freundinnen und Begleiterinnen von Jesus, im Alten Testament die Richterin Debora, die Kämpferin Judit, Rut, die Fremde, Hagar, die Verlassene, Ester, die Königin, Tamar, die Entschlossene, die weise Frau Hanna, – sie alle spiegeln nicht nur eine Gesellschaftsordnung, sondern zeigen auch Brüche in dieser scheinbar fest gefügten Ordnung. Sie können auch irritieren, sind in Bezug auf die Motive ihres Handelns oft uneindeutig, was die Rezeptionsgeschichte kompliziert, aber auch spannend macht. Vor allem aber spiegeln sich in ihnen, speziell in den Frauen des Alten Testaments, archetypische Formen von Weiblichkeit von intensivem emotionalen Gehalt. Sie sind daher aus kulturgeschichtlicher und kultursoziologischer Sicht interessant, was aber nicht unbedingt heißt, dass sie paradigmatische Idealgestalten verkörpern, am wenigsten wahrscheinlich Judit. Aber all diesen Frauen ist gemeinsam, dass sie Geringschätzung erfahren haben, übersehen, unterschätzt oder gedemütigt wurden, – sie haben sich, jede auf ihre Art, frei gemacht, Verantwortung übernommen, gehandelt.

## 6.1 Judit, die listige Witwe

*eine Retterin, die keinem Volk gut ansteht, schon gar nicht einem Volk Gottes.*

***(Navid Kermani, S.117)***

Judit ist sozusagen das weibliche Gegenstück zu Moses. Sie rettet unter Einsatz ihres Lebens Israel aus der Not und reiht sich damit würdig ein in die Tradition der Heldinnen. Dieser ikonographische Topos entwickelte sich, ausgehend von Frankreich, in England und

Deutschland im Mittelalter bis zur frühen Neuzeit. Biblische Heldinnen wie Debora, Ester, Delila und eben Judit wurden neben anderen heldenhaften Frauen als zeitlose Vorbilder in der Buchmalerei, auf Tapisserien oder Gegenständen des häuslichen Gebrauchs, beispielsweise auf Tellern oder Spielkarten, vergegenwärtigt.

Wer aber ist Judit? Im Buch Judit wird eine Lebensgeschichte nacherzählt, so wie es bei weiteren Gestalten der Bibel auch der Fall ist (im Buch Rut und Ester, im Buch Hiob, Jesaja, Ezechiel beispielsweise). Ihre Rezeption im Christentum ist allerdings uneinheitlich: Nur die katholische Kirche und teilweise die orthodoxe haben die Judit-Geschichte in ihren biblischen Kanon integriert. Sie wird deshalb als *deuterokanonisch (deutero – zweiter)* bezeichnet. Die Kirchen der Reformation halten sie für *apokryph,* das heißt, für *untergeschoben, unecht.* In den jüdischen Tanach, die Sammlung der heiligen Schriften, zu denen auch die Thora gehört, hat sie keinen Eingang gefunden.

Der Name Judit bedeutet Jüdin. Sie ist die Tochter von Meraris und die Witwe des Manasse. Ihr 16 Generationen langer Stammbaum weist sie als eine Gestalt aus, die den anderen großen Gestalten der Bibel ebenbürtig ist. Weder ihre Person noch ihre Geschichte sind historisch fundiert. Es ist aber auch nicht ausgeschlossen, dass es sich um mehr als eine folkloristische Heldengeschichte handelt, dass die Geschichte also einen historischen Kern birgt.

Die geografische Bezeichnung der von Holofernes belagerten Stadt *Betulia* lässt sich etymologisch auf ein hebräisches Wort, das *Jungfrau, junge Frau* bedeutet, zurückführen, das Buch Judit könnte so gesehen also metaphorisch im Sinne einer romanhaften Lehrerzählung zu verstehen sein.

*Es war im zwölften Jahr des Nebukadnezar, der in der großen Stadt Ninive als König der Assyrer regierte. Zur gleichen Zeit regierte damals in Ekbatana Arphaxad als König der Meder.*

***(Jdt 1,1-5)***

So scheinbar exakt datiert, beginnt das Buch Judit. Dem Verfasser geht es offensichtlich um die Betonung der Geschichtlichkeit der Ereignisse. Der genannte Mederkönig ist allerdings unhistorisch. Die anderen Angaben sind historisch verbürgt: Ninive ist ein bedeutendes Zentrum Obermesopotamiens. Es ist die Hauptstadt des antiken Reiches Assyrien; 612 v. Chr. wird die Stadt von den Babyloniern mit Hilfe der Meder erobert und zerstört. Um 600 kommt es zum Aufstand Judas gegen den assyrischen Herrscher Nebukadnezar (um 640-562). Dieser belagert Jerusalem, die Hauptstadt Judas, zerstört Stadt und Tempel. In der Zeit zwischen 597 und 539 v. Chr. gibt es mehrere Deportationsschübe. Zahlreiche Juden werden in die babylonische Gefangenschaft geführt, was die Propheten als Strafgericht Gottes deuten. Weil das auserwählte Volk sich von seinem Gott abgewandt hat, wird es versklavt, sein Land zerstört: *Dieses ganze Land wird zum Trümmerfeld und zu einem Bild des Entsetzens und diese Völker werden dem König von Babel siebzig Jahre lang dienen* (Jer 25,11).

Im Auftrag von Nebukadnezar führt dessen Feldherr Holofernes einen Unterwerfungsfeldzug gegen die Völker im Westen. Er überschreitet den Euphrat, zieht nach Damaskus und an die Küstengebiete und zerstört unterwegs alle Kulthöhen und Götterhaine (Jdt 3,8). Die Israeliten von Juda bekommen Angst. Sie sind erst vor kurzem aus der Gefangenschaft zurückgekehrt und haben den Tempel von Jerusalem neu geweiht (4,1-3). Der Hohepriester Jojakim befiehlt, alle Gebirgspässe besetzt zu halten, um den Vormarsch der Angreifer aufzuhalten (4,5-7).

Der Ammoniter Achion rät Holofernes weiterzuziehen, denn das Volk der Chaldäer könne erst dann geschlagen werden, wenn es sich zuvor gegen seinen Gott versündigt habe (5,20-21). Holofernes lässt den Unglücksboten festsetzen, liefert ihn an die Israeliten aus und belagert das Bergstädtchen Betulia. In der Ebene davor besetzt er alle Brunnen und Quellen (7,17). Die Not der Betulier ist riesig. In ihrer Verzweiflung wollen sie die Stadt übergeben.

Da tritt die schöne, reiche und gottesfürchtige Judit auf den Plan.

Sie ist seit 3 Jahren und 4 Monaten Witwe, trägt Trauerkleidung und fastet (8,1-8). Eloquent redet sie den Ältesten ins Gewissen: *Ihr wollt den Herrn, den Allmächtigen, auf die Probe stellen und kommt doch ewig zu keiner Erkenntnis* (8,12-13). *Daher, Brüder, wollen wir jetzt unseren Standesgenossen beweisen, dass wir für ihr Leben einstehen und dass das Heiligtum, der Tempel und der Altar, sich auf uns verlassen kann* (8,24). Sie wird eine außergewöhnliche Tat begehen, von der man noch lange sprechen wird (8,32).

Judit betet und bittet, aber nicht um Regen, wie es sich für Frauen gehören würde, sondern um Kraft für ihre zukünftige unerhörte Tat. Was sie vorhat, steht noch nicht fest, aber ihre Motivation ist deutlich, als sie Gott klagt, was der Krieg für die Frauen und Mädchen bedeutet: Sie werden geschändet, verschleppt und versklavt, und die feindlichen Männer brüsten sich und rühmen sich ihrer Kraft. Das muss ein Ende haben, und sie, die Witwe, wird ihren Trotz brechen, denn Gott hilft den *Schwachen und Geringen*, er ist der *Beschützer der Verachteten und der Retter der Hoffnungslosen*. Sie wird ihre Tat aber nicht für sich erbringen. Ihre listigen Worte werden bei denen *Wunden und Striemen schlagen, die gegen deinen Bund und dein heiliges Haus, gegen den Berg Zion und den Wohnsitz deiner Söhne Böses beschlossen haben* (9,1-14).

Zielstrebig und entschlossen geht Judit nun ans Werk: Sie zieht ihre Trauerkleidung aus, wäscht und salbt sich, legt allen Schmuck an, den sie besitzt und geht mit ihrer Dienerin zum Feldlager der Assyrer, die sie, von ihrer Schönheit geblendet, zu Holofernes führen. Der große Heerführer liegt im Bett, unter einem Luxus-Moskitonetz aus Purpur und Gold mit *eingewebten Smaragden und anderen Edelsteinen* (10,21). Scheinbar demütig redet sie auf ihn ein und schmeichelt ihm. Schamlos erzählt sie ihm in der ersten Nacht lauter Lügen und prophezeit ihm Erfolg für sein Unternehmen. Sie versichert ihm, dass er in Jerusalem *mitten in der Stadt seinen Feldherrnstuhl aufrichten wird* (11,19). Judit verbringt drei Tage im Lager, jede Nacht badet sie in der Schlucht von Betulia. Danach bittet sie Gott wieder um Kraft, und im *Zustand der Reinheit* (12,9) kehrt sie ins Lager zurück. Am 4. Tag gibt Holofernes ihr zu Ehren ein Gastmahl. Judit betört ihn, beteuert, ihm zu Willen zu sein. Holofernes verliert darüber völlig den Kopf und scheint sich zum ersten Mal in seinem Leben so zu betrinken, dass er schließlich kopfüber vornüber sinkt (13,2). Judit betet, ergreift kaltblütig Holofernes´ Schwert und trennt mit zwei Schlägen dessen Kopf vom Leib. Sie nimmt das Mückennetz, übergibt den Kopf ihrer Dienerin. Diese steht Judit an Kaltblütigkeit in nichts nach, nimmt den Kopf und steckt ihn in einen *Verpflegungssack*.

Die beiden Frauen kehren nach Betulia zurück, und Judit zeigt allen den Kopf. Judits Hybris – muss man schon fast sagen – kennt keine Grenzen; sie rühmt sich, dass durch ihre Hand, durch die Hand einer Frau, Gott die Feinde vernichtend geschlagen hat (13,11-17). Jeder versteht: Judit kommt David und Saul gleich: David hat die Truppen Sauls von Sieg zu Sieg geführt (1 Sam 18,7), Saul hat 1000 Philister erschlagen, David 10 000, Judit aber, eine Frau, hat ein ganzes Volk gerettet!

Aber noch nicht genug der Brutalität und Grausamkeit: Judit befiehlt, Holofernes´ Kopf an der Stadtmauer aufzuhängen und die flüchtenden Assyrer niederzumachen (14,1-5), was dann auch geschieht. Danach dreißig Tage lang ein einziges Plündern, an dem sich auch Judit beteiligt. Ihre Rettungstat wird als *Ruhm Jerusalems, Freude Israels besungen*, und schließlich stimmt sie selber noch eine Hymne auf sich an, die recht blutrünstig endet: *Die Feinde Israels sollen in Ewigkeit heulen vor Schmerz* (16,17). Judit verschenkt ihre Beute als Weihegabe, und nach einer dreimonatigen Feier in Jerusalem, an der sie auch teilnimmt, kehrt sie in ihr Privatleben zurück und stirbt hundertfünfjährig, von allen betrauert, in Betulia.

Noch einmal: Wer ist Judit?

Sie betet und lügt, sie betet, dann tötet sie einen Wehrlosen. Sie betet und stiftet zum Morden an. Sie ist kaltblütig, setzt ihre Schönheit berechnend und zielsicher ein. Sie weiß offensichtlich immer, was sie tut. Reue ist ihr fremd, denn alles geschieht zum Lobe Gottes und für ihr Volk. Für sich will sie nichts.

In der ikonographischen Reihe der Heldinnen verkörpert Judit aufgrund ihrer Tatkraft und uneigennützigen Entschlossenheit jedenfalls die Retterin und Vertreterin des Judentums. Die urbiblische Verheißung der Rettung des Gottesvolkes wird an dieser ungewöhnlichen Frau exemplifiziert, die ihrem Stamm und Volk ein Vorbild ist, weil sie auch in der größten Bedrängnis an Jahwe festhält und damit zeigt, dass Gott seinem Volk treu bleibt, solange dieses nicht von ihm abfällt und sich anderen Göttern zuwendet. Die Gottesbeziehung Israels ist ganz offensichtlich das Fundament und die Begründung seiner Existenz, und die jüdische Identität zeigt sich in der Abgrenzung gegenüber den Heidenvölkern. Diese exklusive Gottesbeziehung wird immer wieder kunstvoll aktualisiert in den vielen Rettungsgeschichten des Alten Testaments: Eine davon stellt eben die Judit-Geschichte dar.

### 6.1.1 Judith in der Malerei

Die Gestalt der Judit hat jedoch trotz ihrer edlen Motivation etwas Verstörendes, bedient sie sich doch fragwürdiger Mittel (Verführung unter Einsatz ihrer körperlichen Vorzüge), und sie zeigt auch nicht nur positive Charakterzüge (Sadismus). Als kinderlose Witwe in einer patriarchalischen Gesellschaft kann sie aber auch zur tragischen Gestalt werden. Die Figur der Judit bietet daher einigen Deutungsspielraum für die Rezeption, sodass Judit geradezu ein Rezeptionsphänomen der abendländischen Kultur werden konnte: Die Musiker Vivaldi und Mozart vertonten das Libretto *Betulla liberata – das befreite Betunien* im Sinne einer geistlichen Musik und damit, zur Bibelgeschichte passend, als Oratorium; Maler wie Michelangelo Merisi da Caravaggio (kurz: Caravaggio), Lucas Cranach, Sandro Botticelli, Paolo Veronese, Peter Paul Rubens, Gustav Klimt, Franz von Stuck hingegen widmeten sich dem Thema der Enthauptung des Holofernes, wobei sie auf die Täterin fokussierten und einen bestimmten Frauentyp schufen, der später zur Schablone werden konnte für den Typus der *Femme Fatale*.

Anders beim spanischen surrealistischen Maler Salvador Dalí.

In seinem kaum rezipierten und daher relativ unbekannten, zwischen 1963 und 1965 entstandenen Lithografie-Zyklus Biblia Sacra, der 103 Blätter mit Schlüsselszenen aus dem Alten und Neuen Testament umfasst, agiert Dalí künstlerisch *virtuos auf der Reflexionsebene mittels einer komplexen Symbolsprache, der ein bemerkenswertes theologisches Wissen zugrunde liegt* (so die Kunsthistorikerin Melanie Prange anlässlich der Ausstellung des Bibelzyklus im Diözesanmuseum Rottenburg 2019), wobei es ihm jedoch um ein suchendes Verstehen geht, das keine eindeutigen Aussagen und keine Ausschließlichkeit zulässt. Daher sind seine biblischen Gestalten zwangsläufig ikonografisch ambivalent. Der Aspekt der teilnehmenden beziehungsweise der intentionalen Betrachtungsweise hat eine Dissoziierung der Figur zur Folge: Scheinbar zusammenhanglos werden verschiedene Bildaussagen neben- oder ineinander geschoben, und jede Deutung ist immer eine vorläufige oder persönliche. Dalí bezeichnet seine künstlerische Sprache mit einem von ihm erfundenen Begriff als *nukleare Mystik*, zu verstehen als *mystische Schau* (Melanie Prange) in der Konzentration auf das Wesentliche. Als Interpretationshilfe wird das künstlerisch-theologische Programm von einer Farbsymbolik bestimmt, welche die wesentliche Aussage verdichtet.

So präsentiert zwar auch Dalís Judith ihre Trophäe, den abgeschlagenen, von Blut triefenden Kopf des Holofernes. Dieser ist aber nur noch eine schwarze Masse, und die Tatwaffe, das Schwert, wird – nicht bibelkonform – von einem nackten Mann in Rückenansicht triumphierend hochgehalten. Diesen Mann (Holofernes, der sich von ihr abgewandt hat, oder vielleicht sogar das siegreiche Volk der Judäer? wie Melanie Prange mutmaßt), halluziniert Judith im Delirium. Ihr Geist hat ihn *paranoisch-kritisch*[*] als Phantombild aus dem Un- oder Unterbewussten gerufen. Sich selber sieht Judith nur noch als eine auf ihre Geschlechtlichkeit reduzierte Person, deren Gestalt nach dem Mord jedoch nichts Anziehendes mehr auf-

[*] Dalí hat dieses Kunstwort 1935 in *Die Eroberung des Irrationalen* eingeführt.

weist und vor der es ihr selber schaudert. Ihr Gesicht ist verwüstet, der Blick gleitet ins Leere, in ihren Augen glitzern Tränen, und der Mund ist schief verzogen. Dalí dämonisiert Judith nicht, sondern er zeigt das Chaos, das sich in ihrem Inneren abspielt. Das Blatt ist ein Seelenbild Judiths, die gebrochene Frau erregt unser Mitleid.

Abb. *4 (links)*: Salvador Dalí, Judith, Farblithografie aus dem Zyklus „Biblia

Sacra“ (c) Salvador Dalí, Fundació Gala-Salvador Dali/ VG Bild-Kunsr, Bonn 2020

## 6.1.2 Friedrich Hebbels Judith

Judit wird auch als literarischer Topos realisiert, häufig im 16. Jahrhundert und dann wieder in der Epoche des so genannten Vormärz, die in Europa zwischen 1815 und 1848 von den gegenläufigen Bewegungen Restauration und Revolution geprägt ist. Neben einem anonymen Drama von 1818 gibt es ein kaum erforschtes Judith-Drama von Heinrich Keller aus dem Jahr 1809 und eben die gleichnamige Tragödie von Friedrich Hebbel aus dem Jahr 1841, die bis heute zum Theaterrepertoire gehört.

Was die Rahmenhandlung angeht, hält sich Hebbel in etwa an die Schilderungen der Bibel, allerdings gewinnt die Dienerin Mirza an Statur, und die Gestalt des Ephraim, der sich in Liebe zu Judith verzehrt, wird vom Dichter hinzugefügt, weil er ihn wohl als Negativfolie zu Holofernes für dramaturgisch bedeutsam erachtete. Da Hebbels Intention aber offensichtlich auf die Darstellung der komplexen psychischen Prozesse im Geschlechterverhältnis gerichtet war, liegt der Fokus in diesem Drama auf den Protagonisten Judith und Holofernes, was eine Abkehr von der biblischen Judith und ihre Psychologisierung zur Folge hat und somit dem Stück einen völlig anderen Charakter verleiht.

Judith wird im zweiten Akt eingeführt. Mit 14 Jahren ist sie mit Manasse verheiratet worden. In der Hochzeitsnacht ist ihr Mann so blockiert oder eingeschüchtert, dass er sie nicht berührt *(Judith ist ein Engel! sagt er.)*, sondern betet. Judith gibt ihrer *Tollkirschenschönheit*, deren Genuss Wahnsinn und Tod bringt, die Schuld. Es kommt auch später zu keinem sexuellen Verkehr, und als Manasse stirbt, hinterlässt er eine jungfräuliche Witwe. Das Geheimnis seiner Blockade hat er mit ins Grab genommen, als er nach wenigen Jahren stirbt, – ein *Frevel* in Judiths Augen.

Judith wird als fromm bezeichnet. Allerdings spielt Gott keine besondere Rolle. Sie betet zwar, aber nicht, weil sie will, sondern weil sie muss, wie sie sagt. Ihr Beten ist eine andere Art von Selbstmord. Sie betet, weil sie sich vor ihren Gedanken nicht mehr zu retten weiß. *Ich springe in den Ewigen hinein wie Verzweifelnde in tiefes Wasser.* Sie leidet offensichtlich unter einem unerfüllten Sexualtrieb, der sich immer wieder als Kinderwunsch oder Klage über ihre Unfruchtbarkeit äußert. Denn eine Frau, die nicht Mutter wird, ist nichts, und eine jungfräuliche Witwe ist weniger als nichts. Deshalb trifft sie Holofernes, als er sich abfällig über Mütter und Söhne äußert, ins Herz. Aber als die Gefahr naht, erkennt sie darin ein Gotteszeichen: Gott hat sie auserwählt, ihn zu verherrlichen. Gottes Triumph wird von ihr, einer Frau, ausgehen. Dass ihr ein Kind versagt wurde, hat plötzlich einen Sinn. Sie wird Holofernes töten.

Der zweite Motivstrang für ihren Entschluss ist die Feigheit der Männer. Wenn alle Männer (wie Ephraim) in der Gefahr nur die Warnung sehen, nicht in Gefahr zu geraten, dann hat sie das Recht auf eine große Tat. Sie weiß aber auch, dass der Weg zu dieser Tat durch die Sünde führt: Sie wird zur Hure werden. Deshalb bittet sie das Volk, bevor sie zu Holofernes geht: *Betet für mich wie für eine Sterbende.*

Beim ersten Aufeinandertreffen von Judith und Holofernes ist sofort klar, dass sie in ihrer Unbedingtheit einander ebenbürtig sind, in der Liebe wie im Hass. Wie eine Feuerkugel steigt beim ersten Kuss in ihnen eine wilde Wolllust auf. Judit ist Holofernes und dessen auf Überwältigung gerichteter Selbstherrlichkeit bereits verfallen, was ihr undeutlich bewusst ist. Und so macht sie, leise betend, einen Abwehrversuch: *Gott meiner Väter, schütze mich vor mir selbst, daß ich nicht verehren muß, was ich verabscheue! Er ist ein Mann. Aber: Ich muß ihn morden, wenn ich nicht vor ihm knien soll.*

Die Kraft zur Tat findet sie aber erst, nachdem er sie durch Abwertung gedemütigt hat. Als sie nämlich nach langen wortreichen Auseinandersetzungen ermattet klagt, sie könne seinen Worten nicht mehr folgen, weil ihr Gehirn und ihr Herz leer seien, erwidert Holofernes nur lapidar, man müsse einem Weib sowieso nichts erklären. Jetzt bäumt sich ihr Stolz auf, und sie schleudert ihm entgegen: *Lerne das Weib achten! Es steht vor dir, um dich zu ermorden, und es sagt dir das! Du kennst keine Ebräerin, du kennst nur Kreaturen!* Judith wird – will – jetzt, da alles entschieden ist, auch nicht mehr beten, Mirza soll für sie beten. *Jetzt tu ich's!*

Nach Holofernes´ Tod bricht jedoch für Judith die Welt zusammen: Das erschütternde Bild von lahm gewordenen Sternen und der stillstehenden Sonne versinnbildlicht ihre plötzlich eintretende Paralyse: Sie ist zum hilf- und kraftlosen Kind geworden, dem Mirza sagen muss, was zu tun ist, nämlich zu fliehen. Mirza ist es aber auch, die Judith dann den Heldenstatus und damit auch die Rechtfertigung ihrer Tat abspricht. Diese hat nämlich nicht in höherem Auftrag getötet, sondern den Menschen ermordet, zu dem sie sich hingezogen gefühlt hat, der sie aber auch gedemütigt und vergewaltigt hat. Judith ist zur Mörderin geworden, nicht weil sie für ihr Volk gehandelt hat, sondern weil sie es für sich tat. In der Verwirrung ihrer Gefühle hat sie ihre Bestimmung auf tragische Weise verfehlt und kann deshalb die Tötung des Holofernes vor sich selber nicht mehr rechtfertigen.

*Ich fühl mich wie ein Auge, das nach innen gerichtet ist. Und wie ich mich so scharf betrachte, werd ich kleiner, immer kleiner, noch kleiner, ich muß aufhören, sonst verschwind ich ganz in nichts.*

Die Rechtfertigung kann nur noch von außen kommen, aber dieser Preis, dieses Lob wird sie zerschmettern. Ja, sie hat ihr Volk gerettet, aber falls sie von Holofernes schwanger wird, – so ordnet Judith an, – wird sie ihren öffentlichen Lohn empfangen, das heißt, als selbst inszeniertes Sühnopfer getötet werden.

*Mich trieb´s, die Tat zu tun; an euch ist's, sie zu rechtfertigen! Werdet heilig und rein, dann kann ich sie verantworten.*

## 6.2 Rut, die Moabiterin

*Beispiels willen … gedenken wir des Buches Ruth, welches bei seinem hohen Zweck, einem Könige von Israel anständige, interessante Voreltern zu verschaffen, zugleich als das lieblichste kleine Ganze betrachtet werden kann, das uns episch und idyllisch überliefert worden ist.*

***(Goethe, Westöstlicher Divan)***

Episch und idyllisch: Das kleine Buch Rut, in der Tat eine Oase des Friedens, ist ein durchkomponiertes literarisches Meisterwerk. Statt von Mord und Krieg, Abfall, Verzweiflung und Anarchie (wovon ausführlich das zur gleichen Zeit verfasste Buch der Richter berichtet) lesen wir von friedlich idyllischen Szenen mit Erntefeldern, von Schutz und Treue. Und was das Buch zu etwas ganz Besonderem macht: Es erzählt von Flucht und Heimkehr, von Leid und Freude, von Tod und Leben, – aber alles ausschließlich aus der Sicht von Frauen.

Der geschichtliche Hintergrund dürfte einigermaßen bekannt sein. In Bethlehem (etymologisch *Haus des Brotes!*) herrscht eine Hungersnot. Elimelech verlässt deshalb mit seiner Frau Naomi (oder Noomi) seine Heimat und zieht in Feindesland, nach Moab, wo er freundlich aufgenommen wird. Seine beiden Söhne heiraten Moabiterinnen, der eine Orga, der andere Rut. Alle drei Männer sterben. Naomi bleibt als Witwe mit den beiden Schwiegertöchtern übrig. Für alle drei Frauen stellt sich nun die Frage, wovon sie leben sollen, wer sie versorgen wird. Das jüdische Recht sieht zwei voneinander unabhängige Möglichkeiten vor. Die Rechtsinstitution des so genannten Levirats, der Schwagerehe, ist für Naomi ein Absurdum, weil sie selber dazu erst Söhne gebären müsste, die ihre Schwiegertöchter dann versorgten.

Eine zweite Möglichkeit ohne Ehe wäre die Institution des Lösers, wonach der Löser moralisch verpflichtet ist, Not leidende Familienmitglieder vor Armut und Ruin zu schützen. Naomi erinnert sich an einen Verwandten in der Heimat, der Erbe ihres Mannes ist. Dieser müsste bereit sein, die drei Frauen zu versorgen, eine durch das Levirat (mit einer der Schwiegertöchter), die anderen beiden durch die Lösung (4,5).

Naomi beschließt, nach Juda zurückzukehren, aber ohne die Schwiegertöchter. Sie sollen in ihrem Land bleiben, im Hause ihres Mannes, wo sie auch versorgt würden. Orga akzeptiert diesen Vorschlag, aber Rut weigert sich, ihre Schwiegermutter zu verlassen mit den Worten, die früher – aufgrund ihrer Form als Treuegelöbnis – bei kirchlichen Trauungen gelegentlich als Trauspruch gewählt wurden:

*Wo du hingehst, gehe ich auch hin, und wo du bleibst, da bleibe ich auch. Dein Volk ist mein Volk, und dein Gott ist mein Gott.*

*Wo du stirbst, da sterbe ich auch, da will ich auch begraben werden. Der Herr soll mir dies und das antun, – nur der Tod wird mich von dir scheiden* (1,16-17).

Das zweite Kapitel berichtet, wie Rut auf den Äckern von Boas, des Verwandten Elimelechs, Ähren aufliest, dabei von Boas beobachtet wird. Boas stellt sie unter seinen besonderen Schutz und versichert ihr, dass sie unter den Flügeln von Israels Gott Zuflucht finden wird. Er weist seine Diener an, sie nicht zu beschämen und genügend Garben zum Auflesen übrig zu lassen. Naomi und Rut unterhalten sich detailliert über alles, was an diesem Tag geschehen ist, und Naomi heißt alles gut.

Im dritten Kapitel entfaltet Naomi den Plan, den sie zu Ruts Heil und Ruhe ausgedacht hat. Sie weist ihre Schwiegertochter an, abends zum Zelt von Boas zurückzukehren und sich zu seinen Füßen aufs Lager zu legen. Ihr Plan: Boas soll sie auslösen, indem er sie schwängert. Rut führt alle Anweisungen genau aus und legt sich zu Boas Füßen. Boas segnet sie und beteuert, alles zu tun, was sie sagt. Bevor sie geht, füllt er ihren Mantel mit sechs Maß Gerste, damit sie nicht leer nach Hause kommt (ein anschauliches Sprachbild für ihre Schwangerschaft).

Da Boas weiß, dass ein anderer Verwandter ein Anrecht auf Noemis Erbe hat, verhandelt er mit dem zunächst Anspruchsberechtigten. Dieser lehnt jedoch das Erbe ab, weil er auch Rut hätte zur Frau nehmen müssen. Vor Zeugen nimmt nun Boas Rut zur Frau und kauft das Erbe des Elimelech, denn *Gott schafft Recht den Witwen und Waisen und liebt die Fremden* (Deu 10,18). Rut wird schwanger und gebiert einen Sohn, dem die Nachbarinnen den Namen Obed geben mit den bezeichnenden Worten: *Naomi ist ein Kind geboren* (4,17): Die Gnade Gottes ruht mit diesem Kind somit auf beiden, auf Naomi und auf Rut. Folgerichtig endet das prophetische Buch mit einem Geschlechterregister von Perez bis David: *Boas zeugte Obed, Obed zeugte Isai, Isai zeugte David* (4,21,22). Rut wird so als Urgroßmutter Davids indirekt ein Ehrenplatz zugewiesen.

### 6.2.1 Solidarität und Freundschaft

Rut und Naomi sind eigenständige Frauen, die planvoll und zielgerichtet handeln, wobei Rut nur einmal Initiative entfaltet, als sie beschließt, auf Boas Äckern Getreide zu sammeln. Ansonsten ist es die Ältere, die strategisch plant. Sie denkt ökonomisch und nutzt die Spielräume im Rahmen des patriarchalischen Systems, das sie kennt, zum Vorteil der beiden Frauen. Naomi hat vor allem Ruts Situation im Auge, ihre Integration als Fremde im judäischen Gesellschaftssystem. Ihre Stärke ist ihre weitsichtige Planung, die aber nur funktioniert, weil beide Frauen in ständiger Absprache handeln und in einer engen freundschaftlichen, von Dialog geprägten Freundschaft oder Partnerschaft leben. Außerdem lässt sich Rut mit allen Konsequenzen auf das Land, seine gesellschaftliche Struktur und seinen Gott ein, weil sie Naomi und damit deren und dann auch Boas Gott als verlässlich erlebt; sie kann sich deshalb vertrauensvoll auf den Gott Judas und die Menschen in ihrer neuen Heimat einlassen.

> *Als beispielgebend für unsere heutige Zeit, in der viele Länder weltweit als Geschlechterdemokratien verfasst sind, erweist sich die Abkehr von einem traditionellen Androzentrismus, der nur Männer als bedeutend wahrnimmt und Frauen bloß als Staffage sieht. Wer den außergewöhnlichen Formulierungen im Buch nachgeht, erkennt, dass Rut das Frauenbuch der Bibel ist.*
>
> ***(L´Osservatore Romano)***

Vielleicht muss man diese *außergewöhnlichen Formulierungen* noch einmal aus der Nähe betrachten.

Naomi, fast ein weiblicher Hiob, hat nur Verluste erfahren: Hungersnot in der Heimat, Exil bei Fremden, Mann und Söhne sterben im Feindesland Moab (das sie allerdings freundlich aufgenommen hat!), soziale Deklassierung als Witwe, sie rechtet mit Gott, nennt sich Mara, die Bittere. Aber sie gibt nicht auf, ist ja auch nicht allein, denn Rut geht mit ihr zurück in die Heimat. Naomi heckt einen Plan aus, den beide Frauen konspirativ durchführen. Naomis Plan geht auf, und Rut wird von Boas schwanger. Aber jetzt kommt der Clou: Die Ältesten auf dem Platz haben diese Ehe von Boas mit der Fremden nicht nur begrüßt, sondern sie wünschen dem Paar Nachwuchs, mit Verweis auf die beiden Schwestern Rahel und Lea, die das Haus Israel groß gemacht haben. Sie waren beide Ehefrau Jakobs, des Stammvaters, der aber hier nicht von Bedeutung ist. Könnte es sein, dass der Autor (oder die Autorin?) das Buch Rut bewusst als realpolitisch möglichen Gegenentwurf zum herrschenden Gesellschaftssystem konzipiert hat?

Und wo bleibt Gott? Er bleibt im Hintergrund, auf der Handlungsebene spielt er keine Rolle. Er ist aber indirekt, im Glauben der Handelnden, präsent. Gott handelt mittelbar, durch die Frauen vor allem, und er ist gegenwärtig im menschlichen Handeln von Boas. Die Genealogie am Ende des Buches weist indirekt, aber nachdrücklich auf Ruts Bedeutung für die Zukunft Israels hin: Ohne Rut kein König David!

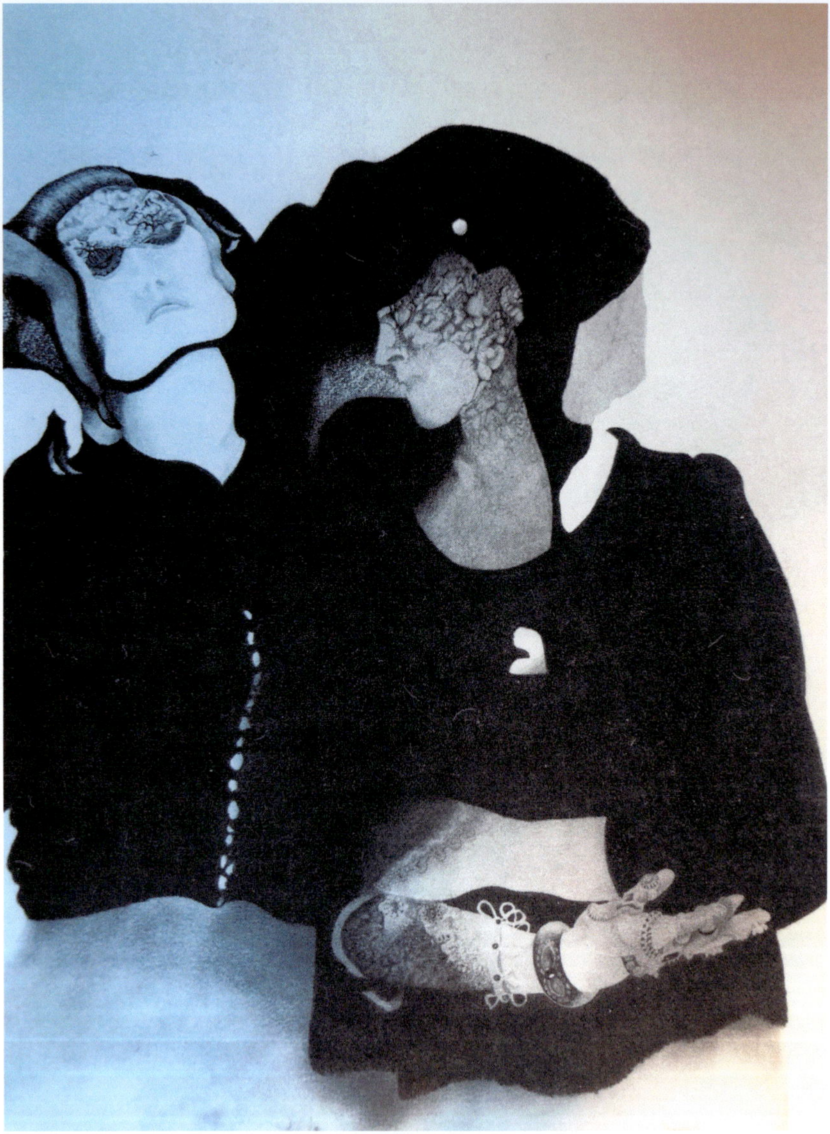

Abb.5: Hans Joachim Madaus, Freundinnen, Bleistift, 1976

# 7. Zu Gott auf dem Weg über den Anderen

## 7.1 Die Ethik ist die erste Philosophie (Emmanuel Levinas)

### 7.1.1 Aufriss

Emmanuel Levinas wurde im Januar 1906 in Kaunas / Litauen in einer traditionell lebenden jüdischen Familie geboren (+ 1995 in Paris). Er studierte ab 1923 in Straßburg, ab 1927 bei Edmund Husserl und Heidegger in Freiburg und promovierte 1930 mit einer Arbeit über Husserl, wodurch die Phänomenologie auch in Frankreich bekannt wurde. Im Jahr 1930 erhielt er die französische Staatsbürgerschaft. 1961 habilitierte er sich mit einer Schrift *Totalité et infini: Essai sur l´extériorité* (*Totalität und Unendlichkeit*). Zuletzt war er Professor der Philosophie an der Sorbonne in Paris.

1943 entging er den Nazis nur durch den Umstand, dass er eine französische Uniform trug. Seine Familie und Angehörige seiner Frau wurden im Konzentrationslager ermordet. Er hat nach dem Krieg nie wieder deutschen Boden betreten.

Levinas wurde in Deutschland in den 60-er-Jahren des letzten Jahrhunderts, also relativ spät, rezipiert. Seit den 90-er-Jahren erscheinen deutsche Übersetzungen seiner Werke, die mit der Dezentrierung des Subjekts eine neue Dimension des Humanismus eröffnen. Levinas veranschaulicht dies durch eine fiktive Etymologie: *Subjekt* wird zurückgeführt auf lateinisch *sub-iactum*, das heißt *unterworfen*, nämlich einem vorausgehenden Anspruch des Anderen. Im Vorwort zum Sammelband *Zwischen uns* skizziert er seinen Denkansatz, der zunächst, wie aus der Terminologie ersichtlich, an die Philosophie Heideggers anschließt:

*Ich werde vom Sein im verbalen Sinn des Wortes ausgehen, durch den das Sein in gewisser Weise als ein Seinsprozeß oder Seinsereignis oder*

*Seinsabenteuer suggeriert oder verstanden wird. Ein außergewöhnliches Abenteuer! Ein Ereignis des Seins besteht in einer Sorge um das Sein, nur so ist es in seinem „wesentlich" endlichen und von jener Seinssorge vollkommen absorbierten Elan.*

**(Levinas, Zwischen uns, S. 7 f)**

## 7.1.2 Dezentrierung des Subjekts – ein neuer Humanismus

Mensch-Sein ist Verstehen des Anderen (französisch *autrui*) und gleichzeitig Mitteilung des Verstehens. Dieses Verstehen ist keine Erkenntnis, sondern findet als Begegnung, als Beziehung von Gleichen statt und manifestiert sich im An-Sprechen, im Grüßen. Aber nicht ich spreche, sondern: Das Antlitz spricht. Begegnung geschieht auch in der Negation, zum Beispiel in der Verweigerung. Das Sprechen ist eine Beziehung zwischen Freiheiten, die sich gegenseitig in ihrem Sein bestätigen durch Respekt. Dem Sein des Anderen begegne ich nur in der Anrufung, und der Seiende ist für mich zugänglich nur als Antlitz in seiner Entblößung oder Nacktheit, als Heimsuchung und Ankunft gleichermaßen. Er bestätigt mich (und umgekehrt), und dadurch wird er für mich unverwechselbar.

Die deutsche Übersetzung *Antlitz* für französisch *visage* (was im Deutschen auch als *Gesicht* übersetzt werden könnte, dann aber einer anderen Sprachebene zugehörig wäre), gehört der gehobenen Sprache an und stammt aus dem Mittelhochdeutschen. Es bedeutet das, was einem entgegen schaut, das Entgegenblickende. Anblicken bedeutet auf etwas hinsehen, sich von *Angesicht zu Angesicht (face-à-face)* gegenüberstehen. Es ist ganzheitlich zu verstehen, mit Levinas´ Worten, als Identität eines Seins, zugänglich über den Nächsten. Auch hier haben wir das übersetzungsbedingte Problem, dass die Konnotation von *Nächster* beziehungsweise *autrui* nicht deckungsgleich ist; *autrui* ist der Andere oder sogar der Fremde, muss im Deutschen mit dem bestimmten Artikel wiedergegeben werden. Der Andere wird *an sich* angeschaut, nicht in einem Horizont, etwa seinem Milieu, seiner Schulbildung, seiner Bedeutung. Es handelt sich um eine Beziehung der *Tiefe*, um eine Beziehung der prinzipiellen *Sorge* um den Nächsten, welche die *Entfernung der Macht* zur Voraussetzung hat. Der Mensch erschließt sich nur einer Begegnung, die nicht Macht ist *(Zwischen uns, S.23)*. Diese Beziehung ist als eine Beziehung der Verantwortung per se jedoch asymmetrisch, da voraussetzungslos, nicht abhängig von Wohlwollen oder Wohlverhalten. Sie ist Ausdruck von *caritas,* der auf Achtung beruhenden Liebe, der Liebe *ohne Begehrlichkeit (amour désintéressé, a.a.O.,S. 164)*. Levinas zitiert in dem Zusammenhang immer wieder Dostojewski *(Die Brüder Karamasow): Jeder ist verantwortlich für alle anderen, jeder ist schuldig und ich mehr als alle anderen.* Und in der Verkürzung bei Levinas: *Alle Menschen sind füreinander verantwortlich, und ich mehr als alle anderen* (a.a.O., S.137

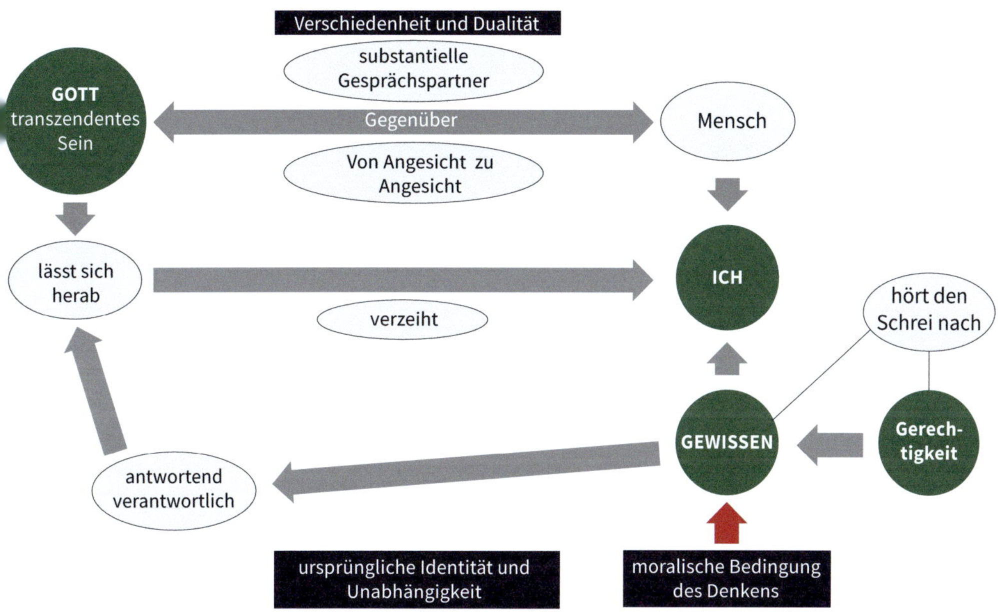


Abb.6: Ontologisches Schema einer Offenbarungsreligion (nach Levinas (a.a.O., S. 137)

### 7.1.3 Ethik und Religion

> *Die Verbindung mit dem Nächsten, die sich nicht auf die Repräsentation des Nächsten, aber auf seine Anrufung reduzieren läßt, und in der der Anrufung kein Verstehen vorausgeht, nennen wir Religion. Das Wesen des Diskurses ist Gebet*
>
> ***(a.a.O., S. 19)***

Gegenseitiger Respekt ist Bedingung jeglicher Ethik, aber auch die moralische Bedingung für Religion. Denn auch in der Religion stehen sich zwei substanzielle Gesprächspartner, Gott und der Mensch, von Angesicht zu Angesicht gegenüber. Auch hier handelt es sich um eine Beziehung des Seienden zum Seienden, allerdings ist Gott ein transzendentes Seiendes. Respekt oder Anerkennung Gottes heißt Glauben (verstanden als Nomen, nicht in der ersten Person des Verbs), und im Gewissen geschieht die Berührung mit dem Unendlichen, sichtbar in der Offenbarung, wodurch das Unendliche dem Ich das gibt, was es aus sich heraus nicht haben kann, die Verzeihung für eine Verfehlung.

### 7.1.4 Gott fällt ins Denken ein

Die Philosophie des 20. Jahrhunderts ist weitgehend atheistisch. Gott ist ausgewandert. Mit Heidegger und Levinas ist Gott aber wieder ins Denken eingefallen (Levinas: *De Dieu à l´ idée*, 1982). Heideggers besinnliches Denken lehnt zwar den Gott der Theologen und Philosophen ab, aber auch den Atheismus, und er bedauert, dass die Gottesfrage verschwunden und damit ein Traditionsstrang gerissen ist.

Bei Levinas ist Gott über den Weg des Anderen ein Thema. Der Weg zu Gott wird sozusagen umgeleitet. Gott ist jenseits aller Horizonte, da transzendent, dennoch gibt es eine, allerdings wieder asymmetrische Beziehung, eine Beziehung ohne Beziehung, in der Form einer absoluten Erfahrung, die nicht vorstrukturiert oder kategorisiert werden kann, denn Gott kann nicht synchronisiert werden.

*Sag zwischen mir und Gott den ein´gen Unterschied? Es ist mit einem Wort nichts als die Andersheit.*

***(Angelus Silesius, Cherubinischer Wandersmann)***

Wie meldet sich dann aber das Unendliche im endlichen Bewusstsein? Es meldet sich als Forderung und Befehl (*du sollst mich nicht töten!*), also moralisch, das bedeutet, nur ethische Begriffe verleihen den theologischen Begriffen (wie Schuld oder Verzeihung) Bedeutung. Das Leben ist ethisch verfasst, und deshalb wird auch die Ethik zur ersten Philosophie.

### 7.1.5 Levinas und das Judentum

*Le judaisme c´est l'humanité au bord de la morale sans institutions.*

***(Frei übersetzt: Judentum ist eine moralische Größe, keine Institution.)***

*Jüdisch ist, was gemäß dem rabbinischen Denken aus dem Alten Testament gelesen wird.*

***(Emmanuel Levinas, Wenn Gott ins Denken einfällt, S. 121)***

Levinas Haltung zum Judentum ist seit seiner Kindheit vom Studium der Thora und vom Talmud, der die Gesetzestexte und Regeln der Tradition enthält, geprägt. Die hebräische Bibel wird ihm zur nie versiegenden Quelle. Aber während seines Studiums bei Husserl hat er bei der Lektüre von Ex 3,4-5 ein Schlüsselerlebnis. Gott ruft Mose vom Dornbusch aus an: Mose, Mose! Mose antwortet: *Hier bin ich!* und verhüllt sein Gesicht. Die Antwort heißt auf Französisch *me voici*. Levinas interpretiert dieses *me* als einen Akkusativ. Mose bestätigt mit seiner Antwort nicht seine Anwesenheit (was banal wäre), sondern er nimmt die Verantwortung, die Gott ihm mit dem Anruf überträgt, an. Gott ist ein personaler Gott, der sich Mose und seinem Volk persönlich zuwendet, von Angesicht zu Angesicht (Deu 5,4). Er ist der Aktive; er hat sich sein Volk ausgewählt und mit ihm einen Bund geschlossen. Dieser Bund ist eine

Auszeichnung, aber verbunden mit einer umfassenden, gerade nicht exklusiven Verpflichtung. Auserwähltheit bedeutet keine Hierarchie, sondern impliziert universale Verantwortung und Liebe. Gott nimmt sein Volk in die Pflicht, er ist dann aber auch ein fürsorglicher und barmherziger Gott, der über sein Volk wacht und es beschützt. Und Gottes Segen kann auch erfleht und weitergegeben werden:

*Der Herr lasse sein Angesicht über dich leuchten und sei dir gnädig. Der Herr wende sein Angesicht dir zu und schenke dir Frieden.*

***(Priestersegen, Nu 6,25 und 26)***

*(Gott) liebt die Fremden und gibt ihnen Nahrung und Kleidung – auch ihr sollt die Fremden lieben, denn ihr seid Fremde in Ägypten gewesen.*

***(Deu 10, 18 und 19)***

Jüdisches Denken heißt somit: Denken an den Anderen, für ihn sorgen und, im Umkehrschluss, die Pflicht für jeden Einzelnen, vor Gott Rechenschaft abzulegen (vgl. Gen 9,5: *Von jedem Tier fordere ich Rechenschaft und vom Menschen*). Vom Denken an den Andern über die Verantwortung für den Andern ist es nicht mehr sehr weit bis zum Vorrang des Andern.

Das Judentum hat somit außer der religiösen Bedeutung von vornherein eine ethisch-moralische und durch seine Riten eine kulturelle, ja kulturgeschichtliche Dimension, heute aber, als Folge der Shoa, auch eine politische: Nach Auschwitz geht es für Juden, ob religiös oder nicht, auch um die Existenz des Staates Israel:

*Der Jude ist nach Auschwitz seiner Treue zum Judentum geweiht. … auf diesen in Auschwitz abwesenden Gott zu verzichten, das Weiterleben Israels nicht mehr zu garantieren, käme einer Vollendung des kriminellen Unternehmens der Nazis gleich.*

***(a.a.O., S. 127)***

Menschliches Versagen manifestiert sich auch nach Auschwitz. Exzessive Brutalität hat in all den Kriegen und Gewalttaten, in denen die Macht seither überall auf der Welt zeigt, dass sie mit den

Menschen machen kann, was sie will (sie kann auch ungestraft töten wollen), ihren Ausnahmecharakter verloren. Wir sind schon so konditioniert, dass wir offenkundigen und bekannten Verbrechen gegen die Menschlichkeit nur noch hilflos zusehen, weil wir uns als Entwaffnete erleben. Angesichts der Totalität des Terrors ist das Leiden universal geworden. Gerade deshalb wird jedoch die Absage an die Gewalt zur Überlebensfrage der Menschheit. Der Verantwortung für den Anderen können wir uns aber nur stellen, wenn das Leiden des Anderen uns auch selber verletzt. Mitleiden ist mehr als Passivität; es schließt Rechtfertigung, Verharmlosung oder Neutralisierung des Bösen aus.

> *Meine Auffassung des Judentums ist nicht, dass es von der Menschheit gesondert ist. Ich würde sagen, das Blut aller Menschen fließt durch die jüdische Wunde.*
>
> ***(Zitiert nach Klaus Englert, Deutschlandfunk)***

## 7.2 Der Andere in Kafkas Erzählung: *Der Steuermann*

»Bin ich nicht Steuermann?« rief ich. »Du?« fragte ein dunkler hoch gewachsener Mann und strich sich mit der Hand über die Augen, als verscheuche er einen Traum. Ich war am Steuer gestanden in der dunklen Nacht, die schwachbrennende Laterne über meinem Kopf, und nun war dieser Mann gekommen und wollte mich beiseiteschieben. Und da ich nicht wich, setzte er mir den Fuß auf die Brust und trat mich langsam nieder, während ich noch immer an den Stäben des Steuerrades hing und beim Niederfallen es ganz herumriss. Da aber fasste es der Mann, brachte es in Ordnung, mich aber stieß er weg. Doch ich besann mich bald, lief zu der Luke, die in den Mannschaftsraum führte und rief: »Mannschaft! Kameraden! Kommt schnell! Ein Fremder hat mich vom Steuer vertrieben!« Langsam kamen sie, stiegen auf aus der Schiffstreppe, schwankende müde mächtige Gestalten. »Bin ich der

Steuermann?« fragte ich. Sie nickten, aber Blicke hatten sie nur für den Fremden, im Halbkreis standen sie um ihn herum und als er befehlend sagte: »Stört mich nicht«, sammelten sie sich, nickten mir zu und zogen wieder die Schiffstreppe hinab. Was ist das für Volk!

Denken sie auch oder schlurfen sie nur sinnlos über die Erde?

*Fragen ..., die sich nicht selbst im Entstehen beantworten, werden niemals beantwortet. Es gibt keine Entfernungen zwischen Fragesteller und Antwortgeber. Es sind keine Entfernungen zu überwinden. Daher Fragen und Warten sinnlos.*

***(Franz Kafka, Tagebuch, 28.9.2015)***

Zu Beginn eine Frage des Protagonisten an den plötzlich aufgetauchten dunklen und hochgewachsenen Fremden: „Bin ich nicht der Steuermann?" Diese formal geschlossene rhetorische Frage hat den Charakter einer Rückversicherung. Die Antwort auf diese Frage kann als Bestätigung nur „doch", als Ablehnung muss sie „nein" lauten. Der Fremde umgeht die Antwort mittels einer Gegenfrage: „Du?" Diese kurze Replik drückt Geringschätzung aus und weist umstandslos jeglichen Anspruch des Anderen von vorn herein zurück. Mehr noch: Er negiert ihn, indem er den Blickkontakt mit ihm verweigert. Kafka drückt diese Weigerung durch die Beschreibung einer Geste aus: *Er streicht sich über die Augen.* Der Steuermann hat in den Augen des Usurpators, der er offensichtlich ist, kein Existenzrecht. Sowohl der Ich-Erzähler als auch der Fremde sind namenlos. Den Steuermann legitimiert nur seine Funktion.

Auch der Fremde braucht keinen Namen; er ist die personifizierte Macht. Deshalb beginnt nun die Spirale der Machtausübung in Form von Gewalt: Der Fremde schiebt den Steuermann beiseite. Da dieser nicht weichen will, also minimalen Widerstand zeigt, steigert der Fremde die Gewalt, tritt ihn nieder. Verzweifelt versucht der Steuermann, sich am Steuer festzuhalten, wodurch das Schiff ins Schlingern gerät. Der Fremde greift ein, *bringt* das Schiff *in Ordnung* und stößt den Getretenen weg. Dieser rappelt sich auf, ruft die *Mannschaft*, die sich unter Deck befindet, zu Hilfe. Er bittet um ihre Solidarität, sind doch alle Mitglieder einer Mannschaft *Kameraden,* eng miteinander verbunden aufgrund der gemeinsamen Aufgabe auf dem Schiff. Auf der Schiffstreppe erscheinen *schwankende müde mächtige Gestalten.* Es sind keine selbstbewussten, sondern geknechtete Menschen, die sich kaum aufrecht halten können. Aber sie sind *mächtig.* Der Leser hat die Wahl der Interpretation: Sind sie mächtig auf Grund ihrer Körpergestalt oder ihrer Masse, die den Einzelnen, der ihnen gegenübersteht, erdrücken könnte, wenn sich die Möglichkeit dazu ergibt? Oder sind sie mächtig, weil der Steuermann alleine das Schiff nicht steuern kann? Mit wem werden sie sich verbinden? Der Steuermann wiederholt seine Frage, die er auch an den Fremden gerichtet hat, aber in abgewandelter Form: *Bin ich der Steuermann?* Die Betonung könnte auf dem *ich,* auf dem *bin* oder auf dem Nomen mit dem bestimmten Artikel *der Steuermann* liegen. Je nach Betonung erwartet der Steuermann entweder nur die selbstverständliche Bestätigung seiner Position, oder aber er erhebt versteckt einen Anspruch, den die Mannschaft durchaus als elitär verstehen würde.

Die Mannschaft bestätigt die Frage durch ein zustimmendes Nicken, nur mit einer Geste, nicht mit Worten, aber auch sie verweigert den Blickkontakt. *Augen* haben sie nur für den offenbar charismatischen Fremden. Sie beugen sich der Macht und gehorchen, dem Steuermann zunickend, dem Befehl zu verschwinden. Aus der Mannschaft ist plötzlich ein *sinnlos über die Erde schlurfend*es *Volk,* eine manipulierbare Masse geworden, deren Denkfähigkeit im Sinne von Stellung beziehen, Verantwortung übernehmen mit der Vermassung verschwindet. Zum ersten und einzigen Mal verlässt deshalb der Ich-Erzähler mit der abschließenden negativen Bewertung seine neutrale Position, und sein bisheriger teilnahmsloser Erzählton verwandelt sich in ein scharfes Verdikt.

*Als Denkender ist der Mensch derjenige, für den die Außenwelt existiert.*

**(Emmanuel Levinas,** *Zwischen uns,* **S. 26)**

Kafka hat im Jahr 1920 mehrere kurze Prosatexte geschrieben, darunter auch obige Erzählung, deren Gehalt von den Interpreten meistens anhand der Vater-Sohn- Problematik beschrieben wird. (Der Topos des *Schiffes* könnte allerdings, außer für die Familie, auch noch für den Staat stehen, was der parallel verwendete Terminus *Volk* nahelegt.)

## 7.2.1 Der Andere als Kafkas Lebensproblem

Die lebenslange Auseinandersetzung mit dem Anderen in Gestalt des übermächtigen Vaters findet ihren bedrückendsten Niederschlag im *Brief an den Vater* von 1919, in dem Franz Kafka die stumme Feindschaft und die wachsende Entfremdung zwischen ihm und seinem Vater schildert. Schon die bloße Körperlichkeit und Kraft des Vaters drückt ihn nieder. Der schwächliche Sohn ist in den Augen des Vaters ein *Nichts*. Statt mit Freundlichkeit und Aufmunterung begegnet ihm der Vater mit Ironie und Verachtung, wofür sich Kafka selbst die Schuld gibt: *Von allen Seiten her kam ich in deine Schuld* (S.134).

Die Religion hätte eine mögliche Lösung, ein Ort der Begegnung sein können, *es wäre denkbar gewesen, daß wir uns beide im Judentum gefunden hätten oder daß wir gar von dort einig ausgegangen wären. Aber was war das für ein Judentum, das ich von Dir bekam*? Das Judentum, das der Vater ihm vorlebte, war ein *Nichts, ein Spaß, nicht einmal ein Spaß* (S.144). Die Familie lebte nur die äußerliche Form des Judentums. Der Vater ging viermal im Jahr in Begleitung seines Sohnes in den Tempel. Franz langweilte sich dort, wurde aber entgegen der sonstigen Gewohnheit des Vaters nicht zurechtgewiesen, weil diesem die Religion herzlich egal war. Den Ernst der judaischen Religion erfasste das Kind so nicht, im Gegenteil. Sie war ihm zwar bekannt, wurde aber in der Familie nicht ernst genommen. Die Bundeslade kam dem Kind wie eine *Schießbude* vor, Barmizwe, die Feier der Religionsmündigkeit, war nur *ein lächerliches Auswendiglernen,* der zu Hause begangene Sederabend zu Beginn des Pessach-Festes eine *Komödie mit Lachkrämpfen* (S.145), ja, der Vater *ekelte* sich sogar vor dem Judentum. Kurz, dieses noch aus dem dörflichen Ghetto des Vaters mitgebrachte, nur rudimentäre Judentum *vertropfte* (S.146) vollends im Prozess der Assimilation. Auch Kafkas späterer Versuch, über die Religion aus seinem *Unglücksverhältnis* (S.158) herauszukommen, war zum Scheitern verurteilt, genauso wie alle anderen Lösungsversuche auch. Das Schreiben war ein Fluchtversuch, und alle Heiratsversuche waren sogar *der großartigste und hoffnungsreichste Rettungsversuch* (S.151), der sich aber auf tragische Weise wiederum nicht mit der Schriftstellerexistenz vertrug. Kafka fühlte sich schließlich *geistig unfähig* zu allem.

Die bittere Schlussfolgerung:
*Ich konnte, was Du gabst, genießen, aber nur in Beschämung, Müdigkeit, Schwäche, Schuldbewußtsein. Deshalb konnte ich Dir für alles nur bettlerhaft dankbar sein, durch die Tat nicht* (S.135).

# 8. Weltdeutung durch den Logos

## 8.1 Das Johannesevangelium

Das Johannes-Evangelium, das als letztes kanonisiert wurde, unterscheidet sich erheblich von den drei anderen so genannten synoptischen Evangelien, sowohl thematisch als auch sprachlich. Bis heute wirft es große Fragen auf, nicht nur hinsichtlich des Verfassers, sondern vor allem interpretatorisch, aufgrund seiner literarischen Eigenart. Es ist das rätselhafteste Evangelium, gestaltet als großes Drama, ein literarisches Meisterwerk, mit großen verdichteten Dialogen und Szenen von außerordentlich hohem Reflexionsniveau. Der Verfasser hatte ersichtlich nicht die Absicht, eine Biographie oder eine Dokumentation zu schreiben; er erzählt nicht Geschichten aus dem Leben Jesu, sondern er zeigt an Jesu Worten und Taten die Größe Gottes, seines Vaters. Nur über Jesus kommt der Mensch zu Gott. Daher die Fülle der Ich-Botschaften, die der Verfasser Jesus in den Mund legt und die in der zentralen Aussage kulminieren:
*Ich bin der Weg, die Wahrheit und das Leben (Joh 14,6).*

### 8.1.1 Der Prolog des Johannesevangeliums

Wie in einem griechischen Drama beginnt das Johannes-Evangelium mit einem Prolog:

*Im Anfang war das Wort, und das Wort war bei Gott, und Gott war das Wort. Dieses war im Anfang bei Gott. Alles ist durch das Wort geworden und ohne es wurde nichts, was geworden ist. In ihm war Leben und das Leben war das Licht der Menschen. Und das Licht leuchtet in der Finsternis und die Finsternis hat es nicht erfasst. Ein Mensch trat auf, von Gott gesandt; sein Name war Johannes. Er kam als Zeuge, um Zeugnis abzulegen für das Licht, damit alle durch ihn zum Glauben kommen. Er war nicht selbst das Licht, er sollte nur Zeugnis ablegen für das Licht.*

Der Prolog macht deutlich: Johannes ist ein griechisch gebildeter Schriftsteller; der Duktus des Prologs atmet griechisch-platonischen Geist. *Logos* ist ein philosophischer Begriff, der zwar auch das bedeutet, was wir mit *Sprache, Rede* und *Vernunft* übersetzen, aber er umschließt mehr. Er ist der Gegenstand des Wissens und als solcher ein ganzheitlicher, ein metaphysischer Begriff, welcher die Sinnstruktur der Wirklichkeit ausdrückt. Da es in der Metaphysik um die Sinnfrage und somit um die Sinnhaftigkeit der Welt geht, um das Welt- und Selbstverständnis des Menschen und um alles, was der Mensch als existenziell sinn- und bedeutungsvoll erfährt und erfassen kann, führt Metaphysik letztlich zur Frage nach dem Göttlichen, dem Transzendenten.

### 8.1.2 Exkurs: Logos in Goethes Faust

Auch im Drama *Faust*, Goethes großer Mysterien-Dichtung, ringt der Protagonist, gleich zu Beginn der Dichtung um eine letztendliche Seins- und Sinnerfüllung, die er bisher trotz allen Studierens und Bemühens um Wissen noch nicht gefunden hat. Als Faust vom Osterspaziergang zurückkommt in seine Studierstube, sucht er eine adäquate Übersetzung für die primäre Erkenntnisquelle, von der die griechische Philosophie und Johannes im Prolog als *Logos* – *Wort* beziehungsweise *Rede* – sprechen. Er misstraut der Übersetzung Wort, weil er die philosophisch-theologische Erkenntnis im Sinne theoretischen Wissens als blutleer, lebensfern und damit als ungenügend empfindet. Sie umfasst nicht die schöpferische Potenz des Menschen. So sucht er nach einem umfassenderen Begriff und entscheidet sich vorerst – denn die Begegnung mit Mephisto wird sein Streben entscheidend verändern – für den Begriff der Tat.

*Geschrieben steht: „Im Anfang war das Wort!“*
*Hier stock´ ich schon! Wer hilft mir weiter fort?*
*Ich kann das Wort so hoch unmöglich schätzen,*
*Ich muss es anders übersetzen,*
*Wenn ich vom Geiste recht erleuchtet bin.*

*Geschrieben steht: Im Anfang war der Sinn. (…)*
*Ist es der Sinn, der alles wirkt und schafft? Es sollte stehen: Im Anfang war die Kraft! (…)*
*Mir hilft der Geist! Auf einmal seh ich Rat und schreibe getrost: Im Anfang war die Tat!*

Der Pudel, den er in sein Zimmer mitgenommen hat, wird während Fausts Kampf um die richtige Deutung der Bibelstelle unruhig, und Faust spürt, dass etwas nicht stimmt. Plötzlich steht ihm der Teufel gegenüber, der sich als Teil jener Kraft vorstellt, die *stets das Böse will und stets das Gute schafft*. – Und so wählt Faust die Kraft!

## 8.1.3 Die Theologie des Johannes

Der Evangelist fasst im Prolog seine ganze Glaubensüberzeugung zusammen: Die Einheit des Ganzen ist Gott, der Logos, und Jesus, der Sohn Gottes, war schon immer bei Gott, aber es entspricht auch Gottes Willen, dass Jesus Mensch geworden ist und Gottes Willen lebt bis zu seinem Tod. Das ganze Johannesevangelium will nichts anderes als diese Überzeugung ausdrücken. Johannes – und dann die Jünger – verstehen sich als Zeugen von Jesu Sendung.

Die folgenden Kapitel zeigen dann programmatisch in dialog- und metapherreichen, sprachlich dichten Szenen, was Gottes Wirken bei den Menschen auslöst, vom ersten Wunder, der Hochzeit zu Kana, bis zu seinem letzten, der Auferweckung des Lazarus. Dazwischen liegen die Begegnung des Nikodemus mit Jesus und das theologische Gespräch zwischen Jesus und der Samariterin am Jakobsbrunnen. Die Kapitel 13 bis 17 mit den Abschiedsreden und dem großen Gebet zum Vater haben keine Entsprechung bei den Synoptikern. Mit der Passion und der Auferstehung Jesu endet das Evangelium.

## 8.2 Die Katechese am Jakobsbrunnen

*Die Idee des Unendlichen ist die einzige, die uns etwas lehrt, was wir nicht schon wissen. Sie ist in uns hineingelegt. Sie ist keine Erinnerung.*
**(Levinas, Die Spur des Anderen, S.197)**

*1 Jesus erfuhr, dass die Pharisäer gehört hatten, er gewinne und taufe
mehr Jünger als Johannes - 2 allerdings taufte nicht Jesus selbst, sondern
seine Jünger - ; 3 daraufhin verließ er Judäa und ging wieder nach Ga-
liläa. 4 Er musste aber den Weg durch Samarien nehmen. 5 So kam er
zu einer Stadt in Samarien, die Sychar hieß und nahe bei dem Grund-
stück lag, das Jakob seinem Sohn Josef vermacht hatte. 6 Dort befand
sich der Jakobsbrunnen. Jesus war müde von der Reise und setzte sich
daher an den Brunnen; es war um die sechste Stunde. 7 Da kam eine
Frau aus Samarien, um Wasser zu schöpfen. Jesus sagte zu ihr: Gib mir
zu trinken! 8 Seine Jünger waren nämlich in die Stadt gegangen, um
etwas zum Essen zu kaufen.*
*9 Die Samariterin sagte zu ihm: Wie kannst du als Jude mich, eine Sa-
mariterin, um etwas zu trinken bitten? Die Juden verkehren nämlich
nicht mit den Samaritern. 10 Jesus antwortete ihr: Wenn du wüsstest,
worin die Gabe Gottes besteht und wer es ist, der zu dir sagt: Gib mir
zu trinken!, dann hättest du ihn gebeten und er hätte dir lebendiges
Wasser gegeben. 11 Sie sagte zu ihm: Herr, du hast kein Schöpfgefäß
und der Brunnen ist tief; woher hast du also das lebendige Wasser?
12 Bist du etwa größer als unser Vater Jakob, der uns den Brunnen
gegeben und selbst daraus getrunken hat, wie seine Söhne und seine
Herden? 13 Jesus antwortete ihr: Wer von diesem Wasser trinkt, wird
wieder Durst bekommen; 14 wer aber von dem Wasser trinkt, das ich
ihm geben werde, wird niemals mehr Durst haben; vielmehr wird das
Wasser, das ich ihm gebe, in ihm zu einer Quelle werden, deren Wasser
ins ewige Leben fließt.*
*15 Da sagte die Frau zu ihm: Herr, gib mir dieses Wasser, damit ich kei-
nen Durst mehr habe und nicht mehr hierherkommen muss, um Was-
ser zu schöpfen! 16 Er sagte zu ihr: Geh, ruf deinen Mann und komm
wieder her! 17 Die Frau antwortete: Ich habe keinen Mann. Jesus sagte*

*zu ihr: Du hast richtig gesagt: Ich habe keinen Mann. 18 Denn fünf Männer hast du gehabt und der, den du jetzt hast, ist nicht dein Mann. Damit hast du die Wahrheit gesagt. 19 Die Frau sagte zu ihm: Herr, ich sehe, dass du ein Prophet bist. 20 Unsere Väter haben auf diesem Berg Gott angebetet; ihr aber sagt, in Jerusalem sei die Stätte, wo man anbeten muss. 21 Jesus sprach zu ihr: Glaube mir, Frau, die Stunde kommt, zu der ihr weder auf diesem Berg noch in Jerusalem den Vater anbeten werdet. 22 Ihr betet an, was ihr nicht kennt, wir beten an, was wir kennen; denn das Heil kommt von den Juden. 23 Aber die Stunde kommt und sie ist schon da, zu der die wahren Beter den Vater anbeten werden im Geist und in der Wahrheit; denn so will der Vater angebetet werden. 24 Gott ist Geist und alle, die ihn anbeten, müssen im Geist und in der Wahrheit anbeten.*

*25 Die Frau sagte zu ihm: Ich weiß, dass der Messias kommt, der Christus heißt. Wenn er kommt, wird er uns alles verkünden. 26 Da sagte Jesus zu ihr: Ich bin es, der mit dir spricht. 27 Inzwischen waren seine Jünger zurückgekommen. Sie wunderten sich, dass er mit einer Frau sprach, doch keiner sagte: Was suchst du? oder: Was redest du mit ihr? 28 Die Frau ließ ihren Wasserkrug stehen, kehrte zurück in die Stadt und sagte zu den Leuten: 29 Kommt her, seht, da ist ein Mensch, der mir alles gesagt hat, was ich getan habe: Ist er vielleicht der Christus? 30 Da gingen sie aus der Stadt heraus und kamen zu ihm. 31 Währenddessen baten ihn seine Jünger: Rabbi, iss! 32 Er aber sagte zu ihnen: Ich habe eine Speise zu essen, die ihr nicht kennt. 33 Da sagten die Jünger zueinander: Hat ihm jemand etwas zu essen gebracht? 34 Jesus sprach zu ihnen: Meine Speise ist es, den Willen dessen zu tun, der mich gesandt hat, und sein Werk zu vollenden. 35 Sagt ihr nicht: Noch vier Monate dauert es bis zur Ernte? Sieh, ich sage euch: Erhebt eure Augen und seht, dass die Felder schon weiß sind zur Ernte! 36 Schon empfängt der Schnitter seinen Lohn und sammelt Frucht für das ewige Leben, sodass sich der Sämann und der Schnitter gemeinsam freuen.*

*37 Denn hier hat das Sprichwort recht: Einer sät und ein anderer erntet. 38 Ich habe euch gesandt zu ernten, wofür ihr euch nicht abgemüht habt; andere haben sich abgemüht und euch ist ihre Mühe zugutegekommen. 39 Aus jener Stadt kamen viele Samariter zum Glauben an*

*Jesus auf das Wort der Frau hin, die bezeugt hatte: Er hat mir alles*
*gesagt, was ich getan habe. 40 Als die Samariter zu ihm kamen, baten*
*sie ihn, bei ihnen zu bleiben; und er blieb dort zwei Tage. 41 Und noch*
*viel mehr Leute kamen zum Glauben an ihn aufgrund seiner eigenen*
*Worte. 42 Und zu der Frau sagten sie: Nicht mehr aufgrund deiner*
*Rede glauben wir, denn wir haben selbst gehört und wissen: Er ist wirk-*
*lich der Retter der Welt.*

***(Joh 4)***

Abb.7: Hans Joachim Madaus, (Rom: Detail), Tanz am Brunnen, Bleistift, 2019

## 8.2.1 Die Dramaturgie des Geschehens

Im Vorspann des Dramas wird der Leser erstaunlich detailliert in Ort und Zeit der Handlung eingeführt. Zwei Außenseiter, die namenlose Samariterin (in der Tradition der orthodoxen Kirchen ist die Frau als Photina bekannt) und der Jude Jesus treffen sich um die Mittagszeit in Sychar an historischer Stelle, bei einem Brunnen, nahe bei einem Grundstück, das Jakob, der gemeinsame Stammvater von Judäern und Samaritern, seinem Sohn Josef vermacht hat. Von einem Jakobsbrunnen weiß die Bibel allerdings nichts.

Der erste Akt beginnt mit der Kontaktaufnahme: Jesus ist durstig und erschöpft. In Samarien ist er ein Fremder, denn Juden und Samariter verkehren nicht miteinander. Die Samariterin wundert sich deshalb nicht so sehr über Jesu Aufforderung, Gib mir zu trinken! als vielmehr darüber, dass er überhaupt mit ihr spricht.

Im zweiten Akt führt Jesus die Frau in die Symbolik des Wassers ein und erschließt ihr behutsam die Tiefenbedeutung des Symbols. Dass das Wasser eine Gabe Gottes, lebendiges Wasser ist, leuchtet ihr sofort ein. Sie weiß nämlich aus Erfahrung um die Bedeutung des frischen, trinkbaren Quell- und Brunnenwassers, das in Palästina selten und wertvoll ist, weil viele Quellen im Norden, z.B. auch der See Genesareth, salzhaltig sind. Deshalb ist für sie eher von Bedeutung, wie Jesus an das gute Wasser des Brunnens kommen will, hat er doch kein Schöpfgefäß. Sie ahnt aber langsam, dass Jesu Worte aus einer ganz anderen *Tiefe* kommen. Er selber ist der Spender des *lebendigen Wassers*, das in jedem, der davon trinkt, zur *sprudelnden Quelle* wird und *ewiges Leben* schenkt (die Verse 11-15).

Deshalb bittet die Frau nun Jesus um das heilbringende Wasser (15,16). Aber noch ist sie nicht reif für die ganze Wahrheit. Zuerst muss Jesus sie mit ihrer persönlichen Wahrheit konfrontieren. Sie hat keinen Mann, obwohl sie fünf Männer hatte und jetzt mit einem Mann zusammenlebt. Jesus verurteilt sie nicht deswegen. Er stößt sie nicht zurück, sondern hilft ihr, der Wahrheit ins Auge zu sehen. Weil er sie vorurteilslos annimmt, kann sie Jesus vertrauensvoll ihr Herz öffnen, und sie erkennt, wo sie gefehlt hat, was in ihrem Leben falsch lief. Jesus ist für sie existenziell entscheidend geworden. Er hat ihr einen anderen Zugang zu sich und damit der Welt eröffnet, was sie so in Worte fasst: *Er ist ein Prophet.*

Der Höhepunkt des Dramas wird im vierten Akt mit den Versen 20 bis 26 erreicht. Die Frau ist zwar eine Samariterin, und die Samariter verehren neben anderen Göttern auch Jahwe, allerdings nicht in der Kultstätte in Jerusalem. Wenn Jesus ein Prophet ist, dann muss er ihr jetzt sagen, wo sie in Zukunft beten soll, auf dem Berg Garizim in der Nähe, also in Samarien, oder muss sie in den Tempel nach Jerusalem gehen? Wo steht das echte Heiligtum? Jesu verblüffende Antwort: Weder hier noch dort. Es geht nicht um Orthodoxie, nicht um Rechtgläubigkeit, sondern um die richtige Anbetung, also um die innere Haltung. Das Heil kommt zwar von den Juden, aber der Vater muss *im Geist und in der Wahrheit* angebetet werden, denn *Gott ist Geist* (Verse 23 und 24), das heißt wohl Lebenskraft. Die tiefere Frage muss also lauten: Wo oder wie finde ich Gott? Die Frau hat den richtigen Weg gefunden. Sie hat erkannt, dass sie den Weg zu Gott, zu dieser Kraftquelle, nur über den Menschen Jesus, der sich ihr als *Messias (Gesalbter)* in Liebe und Verständnis zugewandt und sie erleuchtet, ihr die Augen geöffnet hat, finden kann (25,26).

Akt fünf ist eher ein Epilog. Die Samariterin glaubt jetzt an Jesus. Er hat ihr Leben für sie aufgeschlossen *(er hat mir alles gesagt, was ich getan habe)* und ihr die Hoffnung zurückgegeben. Dafür steht sie persönlich ein, und sie bezeugt Jesus im ganzen Dorf als den verheißenen Messias. Interessanterweise sind aber Jesu Jünger ziemlich begriffsstutzig. Obwohl sie immer um ihn sind, verstehen sie seine Sprache nicht, und Jesus erklärt metaphorisch, worum es geht. Er lebt von einer Speise, die sie nicht kennen, und diese Speise besteht darin, den Willen dessen zu tun, der ihn gesandt hat, und in dessen Sinn sein Lebenswerk zu vollenden (34). Etwas eigenartig ist das Bild der Ernte. Die Felder sind *weiß*, also reif zur *Ernte*. Gott hat gesät, der Schnitter ist Jesus, Sämann und Schnitter freuen sich beide, wenn die Frucht des Glaubens aufgegangen ist. Und welchen Auftrag hat Jesus für die Jünger? Sie sind Ausgesandte, sollen nach Jesu Tod seine Botschaft weitertragen.

Abb.8: Hans Joachim Madaus, Löwenbrunnen der Alhambra, Tusche, 2019

## 8.3 Der historisch - biblische Hintergrund

Wie schon angedeutet, muss die Schilderung des Treffens zwischen Jesus und der Samariterin auf dem Hintergrund des in der Bibel im Buch der Könige geschilderten Zerwürfnisses zwischen Juden und Samaritern gesehen werden.

Nach dem Tod Salomons 926 zerfiel das Reich in das Südreich Juda mit der Hauptstadt Jerusalem und das Nordreich Israel mit der späteren Hauptstadt Samaria. 722 wurde Samaria nach dreijähriger Belagerung durch den assyrischen Herrscher Sargon II. erobert. Zahlreiche Israeliten wurden umgesiedelt nach Medien und Mesopotamien, und Israel wurde assyrische Provinz. Die zurückbleibende Bevölkerung vermischte sich mit den Neusiedlern. Die Mischbevölkerung der Samariter verehrte verschiedene Götter, ein Gott unter anderen war eben Jahwe. Von den später aus dem babylonischen Exil zurückgekehrten Judäern wurden die Samariter, da sie der Vielgötterei huldigten, nicht als Israeliten anerkannt. So gründeten die Samariter auf dem Berg Garizim ein eigenes Heiligtum. (Von daher erklärt sich die Frage der Samariterin, wo sie denn in Zukunft beten solle.) Da für die Judäer die Samariter aufgrund ihrer religiösen Praxis als Irrgläubige galten, wurden sie gemieden, was allerdings im Alltag nicht immer leicht war, ja sogar ziemliche Unannehmlichkeiten nach sich ziehen konnte; so führte der direkte Weg von Galiläa nach Judäa beispielsweise durch Samaria.

Das Gespräch am Jakobsbrunnen erinnert strukturell an Brunnenbegegnungen, die im Alten Testament geschildert werden: Der Knecht Abrahams trifft Rebekka am Brunnen (Gen 24,11-22), Jakob trifft dort Rahel (Gen 29,1-12), Mose die Töchter Reguels (Ex 2,15-20). In allen diesen Fällen führt die Begegnung am Brunnen zur Ehe eines Stammvaters. Von daher kann man verstehen, dass einige Exegeten die Begegnung der Samariterin in dieser Traditionslinie sehen und symbolisch deuten: In ihrer verwickelten Männergeschichte mit den fünf Ehemännern stünden diese für die fünf fremden Götter, welche die Samariter neben Jahwe verehrten, und die Frau wäre dann ein Bild ganz Samarias, das sich bekehrt und dem Glauben an Jesus geöffnet hat.

Die lebensspendende Kraft des Wassers wiederum ist für die Kirche seit alters ein Symbol für das neue Leben in Christus, das mit der Taufe beginnt. Deshalb wird dieser Evangeliums-Text in der Fastenzeit gelesen, als Verweis auf die Osternacht des Karsamstags, in der traditionell auch die Taufe gespendet wird.

Die Perikope kann schließlich aber auch psychologisch interpretiert werden, ausgehend von der Bedeutung des Ortsnamens Sychar, der übersetzt wird als nicht *fließend, verstopft, abgeschnitten von der Quelle*, ausgetrocknet und so den Zustand eines Menschen versinnbildlicht, dessen Leben nicht mehr im Fluss ist, wenn er in Zeiten existenzieller Not von seiner inneren Kraftquelle abgeschnitten und damit seelisch ausgetrocknet ist.

# 9. Weltdeutung durch den Mythos

## 9.1 Der Mythos – eine Begriffsbestimmung

*Das Zentrum der Poesie ist in der Mythologie.*

***(Friedrich Schlegel)***

Die Annäherung an den Mythos ist nicht ganz einfach, da es sich von vorne herein um einen multifunktionalen Begriff handelt. Mythen wurden mündlich und schriftlich als eine Weise des Wissens in Form von Geschichten von Generation zu Generation übermittelt. Sie haben wegen ihrer Vieldeutigkeit ein hohes Bedeutungspotenzial von universaler Gültigkeit, sind aber dennoch vorbildlich exemplarisch und Ausdruck einer bestimmten Kultur. Sie sind nicht dogmatisch, sondern offen für Transformationen, kanalisieren aber in ihrer jeweiligen Ausformung das Verhalten einer Sozietät. Aufgrund ihrer unerschöpflichen Spielräume ergeben sich vielfältige Verarbeitungsmöglichkeiten. Dadurch stellt jeder Mythos ein grundsätzlich unabgeschlossenes Rezeptionsphänomen dar, was nicht ausschließt, dass manche Mythen zeitgebunden und daher kurzlebig sind. Das gilt vor allem für die Mythen der Moderne. Zusammengefasst kann man sagen: Mythen sind symbolischer Ausdruck für ein nicht unbedingt historisches, aber dennoch wirkliches Sein.

## 9.2 Mythos und Logos

Folgenreich für unser heutiges Verständnis wurde vor allem Platons Abgrenzung von Mythos und Logos zu Ungunsten des Ersteren, die er unter anderem im 10. Buch seiner *Politeia* (*Der Staat*) entfaltet hat.

In einem langen Dialog mit Glaukon setzt sich Platon mit den Nationaldichtern Hesiod und Homer auseinander, mit dem Ziel, ihnen Gerechtigkeit widerfahren zu lassen, da doch seit alters, wie er ausführt, ein gewisser Streit entstanden sei zwischen der wahren Wissenschaft und der Poesie, deren *entzückende Reize* er durchaus würdigt, die er aber sehr ambivalent sieht. Für seine Konzeption eines idealen Staates stellt sich ihm die Frage, wo und wie diese Nationaldichter ihren Platz in diesem Staat finden können. Deshalb beschäftigt er sich im Rahmen seiner Lehre von der *Parusia* (Teilhabe der materiellen Dinge am wahren Sein) und der *Mimesis* (Nachahmung der Natur durch die Kunst) mit dem Sonderfall der dramatischen Dichtung.

Zunächst geht er philosophisch vom wahren Sein aus, welches das ideelle Sein ist (die Ideen), von Gott geschaffen. Dem gegenüber zeigt sich das materielle Sein der Wirklichkeit nur in der Form von *Schattenbildern*. So hat der materiell schöne Stuhl, den der Handwerker fabriziert, zwar an der Wirklichkeit des Schönen teil, aber nur als Schein oder Schatten. Immerhin weiß der Handwerker aber, wie und zu welchem Gebrauch er etwas herstellt; seine Tätigkeit beruht auf einem Wissen (*logos*). Wie steht es nun aber mit den Dichtern? Besitzen sie auch ein Wissen in Bezug auf die Güte ihrer Wissenschaft, in *Bezug auf die Wissenschaft dessen, was sie dichten*, wie Plato formuliert (S.421)? Auf welches *Seelenvermögen* ist ihre Dichtung gerichtet, auf das starke oder das schwache? Seiner Meinung nach sind weder die Tragödie, noch die Komödie geeignet, das Seelenvermögen der Menschen zu stärken, weil in beiden Fällen im Theater nicht der vernünftige Seelenteil angesprochen wird, sondern der *ungeduldig sich gebärdende Teil der Seele* (S.475), auf der einen Seite durch *Wehklagen, Tiraden und Jammermusik* in der Tragödie und auf der anderen Seite durch die Darstellung unzüchtiger, sitten- und schamloser Handlungen in der Komödie. Zwar kann die unsterbliche Seele von keinem Übel vernichtet werden, aber nur das Gute ist wohltuend und führt zur Glückseligkeit. Das Übel kann man zwar nicht ausrotten, aber das Volk soll nicht durch unwahres oder falsches Reden (*logoi*) verführt werden und vom rechten Weg abkommen. Aufgabe von Erziehung und Bildung ist somit die Stärkung des guten Seelenvermögens durch Zähmung der Triebe und Beförderung der Vernunft. Platon lehnt die mythischen Erzählungen offenbar aus einem doppelten Erkenntnisgrund ab, aus einem sachlichen und einem philosophischen. Da die mythischen Erzählungen nach seiner Auffassung hohl und unästhetisch sind und vom rechten Lebensweg wegführen können, sind sie deshalb für den pädagogischen Einsatz in Bildung und Erziehung unbrauchbar.

Daher können die Dichter nur dann im vollkommenen Staat gebraucht werden, wenn sie *Hymnen auf die Götter und Lobgesänge auf die tüchtigen Männer im Staat verfassen* (S.481).

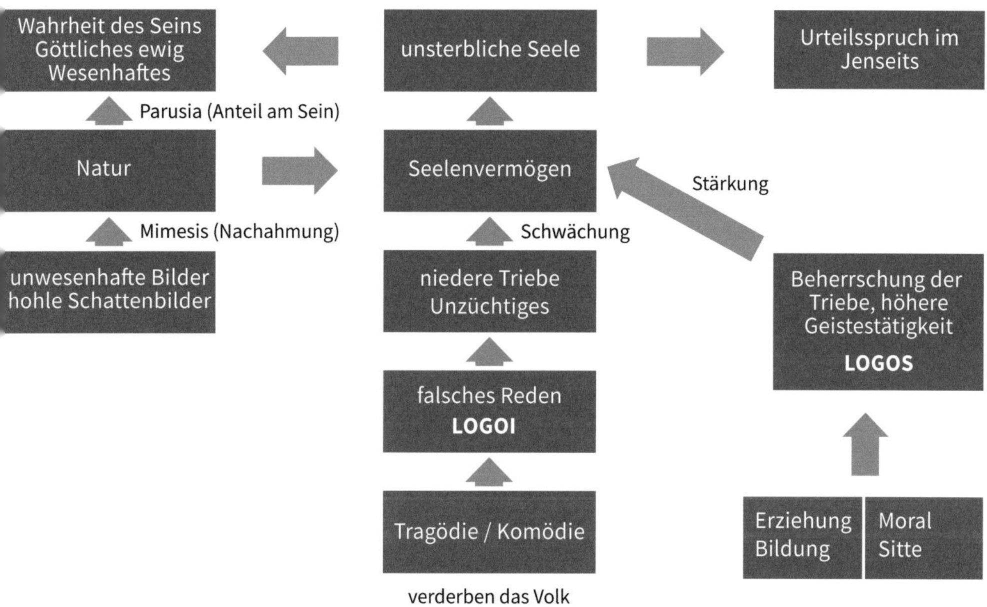


Abb.9: Die Wahrheit des Seins – logoi und logos (nach Platon)

Interessant ist der Schluss des zehnten Kapitels. Platon berichtet hier von einem Mann, der aus dem Jenseits zurückgekommen ist mit der Verpflichtung, den Erdbewohnern genau zu erzählen, was er dort gesehen habe. Wir erfahren auf diesem Wege von der 1000-jährigen Wanderung der unsterblichen Seelen, von Himmel und Hölle (*Tartarus*), Strafe und Belohnung für die auf der Erde begangenen Taten und von den drei Töchtern der *Notwendigkeit, den Parzen* Lachesis, Klotho und Atropos mit ihren Spindeln. Eine von ihnen, Lachesis, wirft das Los, und jede Seele wählt sich mit dem Los selber ihre Lebensbahn. Diejenigen, die vorschnell und unbedacht zugreifen, haben oft eine schlechte Wahl getroffen, die Besonnenen und Mäßigen fassen eher das Gute.

Platon nennt diese Erzählung selber einen *Mythos,* verteidigt ihn aber, weil er feststellen muss, dass der logische Diskurs an eine Grenze stößt. Logisch kann er die Wahrheit der unsterblichen Seele, von der er überzeugt ist, nicht beweisen. Deshalb wählt er den mythischen Diskurs, weil sich dieser einer anderen, nämlich einer *verschleiernden*n Sprache bedient und so die Wahrheit auf seine nur ihm eigene Art ausdrücken kann. Mythos ist also nicht unbedingt prä-rational, sondern anders rational. Es gibt einfach zwei unterschiedliche Weisen des Wissens und der Weltdeutung, die mytisch-mythologische und die argumentative Weise. Mythos und Logos existieren nebeneinander und ergänzen sich, und beide verweisen auf einander.

*Und so, mein lieber Glaukon, ist denn dieser Mythos erhalten worden und ist nicht untergegangen, und er wird vielleicht auch unsere Seelen retten, wenn wir ihm nämlich folgen...... so wollen wir fest daran halten, dass die Seele unsterblich ist und alle möglichen Übel überlebt und alles Gute bekommen könne, wollen immer den Weg nach oben im Auge haben, wollen mit vernünftiger Einsicht auf allen unseren Wegen Gerechtigkeit üben. Und so werden wir mit uns selbst befreundet sein und mit den Göttern ... (S.506 f; Hervorhebung von mir)*

## 9.3 Mythos und Religion

Die Beziehung zwischen den beiden Formen der Weltdeutung kann in unterschiedlicher Weise zum Ausdruck kommen. Zum einen gibt es religiöse Bezüge und Wurzeln in mythischen Erzählungen (z.B. im Nibelungenlied), zum andern haben alle Kulturen und Gesellschaften Mythen und mythologische Erzählungen entwickelt, die per se religiösen Inhalt im weitesten Sinn des Wortes besitzen, da sie Antworten oder Hilfe bieten für menschliche Grunderfahrungen oder Grunderkenntnisse wie Krankheiten, Leiden, Tod, Gewalt, Abhängigkeits- und Ohnmachtsgefühle, indem sie (genauso wie die Religion) auf etwas Transzendentes verweisen. Der verschriftlichte Mythos deutet die Fremdheit zwischen Welt und Mensch dialektisch als Verhältnis zwischen Nähe und Ferne und strukturiert die Wirklichkeit, indem er Widersprüche einebnet und so einem Gemeinwesen größere Legitimität verschaffen kann.

So war beispielsweise der Dianakult in Rom nicht nur ein Götterkult unter anderen, sondern auch ein mythisches Symbol der Einheit in der römischen Republik zwischen dem 5. und dem 1. Jahrhundert vor Christus. Der Rundtempel der Diana, der Göttin der Jagd, war Zufluchtsort für Sklaven, worauf die Bezeichnung dieser Geflüchteten als *cervi (Hirsche)* anspielt. Da die Göttin ferner keine Standesunterschiede zwischen Freien und Unfreien, Plebejern und Patriziern, Römern und Latinern kannte, eignete sich ihr Kult daher auch besonders für die Integration der Plebejer nach den Ständekämpfen (494-287 v. Chr.) und der latinischen Stämme nach dem Bundesgenossen-Krieg (beendet 88.v. Chr. mit der Verleihung des römischen Bürgerrechts) in den römischen Staat und trug entscheidend zur Ausbildung eines Staatsbewusstseins aller Bürger der *res publica* bei.

Mit der Ausbildung der Offenbarungsreligionen entsteht die Dichotomie von Mythos und Religion, und die Religion grenzt sich aufgrund ihres spezifischen Wahrheitsanspruchs gegenüber dem Mythos ab. Trotz inhaltlicher Abgrenzung ist religiöse Sprache aber immer auch eine mythologische Sprache (geblieben), denn sie spiegelt eine Wirklichkeit, die allein rational und argumentativ nicht vollständig erfassbar ist. Den Schlüssel für den Zugang zu mythologischen Texten bieten Bilder und Symbole, die den Mythos poetisch anschaulich machen. Das wirkmächtigste Bild dürfte die Allegorie sein, wenn beispielsweise die Gerechtigkeit personifiziert wird in einer Frau mit verbundenen Augen, welche eine Waage in der Hand hält. (So wird sie auch in der Kunst dargestellt, beispielsweise als Pfeilerfigur am Straßburger Münster.)

Auch in einer Offenbarungsreligion verbergen sich somit tradierte Mythen unterschiedlichster Provenienz. Der Schöpfungsmythos ist sicher der bekannteste universale Mythos des Alten Testaments, der unser kulturelles Welt- und Menschenverständnis am nachhaltigsten geprägt hat. Im Neuen Testament allerdings kommt das Wort Mythos nicht vor, und an einigen Stellen wird den negativ besetzten *ausgeklügelten Mythen* (so im 2. Petrusbrief) dezidiert die durch Augenzeugen bewiesene Verkündigung entgegengehalten.

## 9.4 Grundmythen der Antike

Es gibt Grundmythen, die durchgängig rezipiert wurden und deren Gehalt für das Verständnis einer Kultur unverzichtbar geworden ist. Ausgehend von der antiken Überlieferung wurden diese Mythen vielfach literarisch-künstlerisch be- und verarbeitet, wobei innerhalb der Rezeptionsgeschichte eine Vielzahl von Deutungen und Umdeutungen jede weitere Erschließung des Stoffes beeinflusste. Die Arbeit am Mythos scheint per se unabgeschlossen. Aber auch wenn sich die Perspektive der Betrachtung in der Interpretation oder sogar durch eine Instrumentalisierung verschiebt, bleibt die geistige Einheit solcher Mythen gewahrt. Der geistige Bestand des Mythos bleibt auf allen Rezeptionsstufen konstant, und die Handlungsstruktur bleibt in allen Wiederholungen erhalten. Der Grundmythos überführt so die mythische Tat in den Bereich des Transpersonalen und Überzeitlichen, wodurch die mythischen

Erzählungen bis in unsere Tage ihre Gültigkeit und ihre Bedeutung für das kulturelle Gedächtnis Europas bewahrt haben.

Zu diesen, der Geschichtlichkeit enthobenen Stoffen gehören, wie schon erwähnt, die Schöpfungsgeschichte, die sogar mehrere Mythen umfasst und deshalb zu einer Mythologie wurde. Einen hervorragenden Platz in der Wirkungsgeschichte der Mythen nimmt der Prometheus-Mythos – und eng mit ihm verwoben – der Mythos der Pandora ein, gefolgt vom Sisyphus-Mythos. Beide Mythen gehören zu den bekanntesten literarischen Stoffen.

### 9.4.1 Prometheus und die Büchse der Pandora

Prometheus bedeutet *Vordenker, Vorausdenker*. In der griechischen Mythologie gehört er zum Göttergeschlecht der Titanen, der Halbgötter. Er war somit Zeus unterworfen, ist aber als Beschützer der Menschen sein Widersacher. Wegen einer Täuschung (Zeus bekommt die wertlosen Teile eines Opfertieres, die Menschen das genießbare Fleisch) will Zeus das ganze Menschengeschlecht vernichten und verweigert den Menschen das Feuer. Deshalb stiehlt Prometheus dem Schmied Hephaistos das Feuer und bringt es im Stängel eines Riesenfenchels zu den Menschen. Der erzürnte Zeus erschafft Pandora, die mit der leichtsinnigen Öffnung ihrer Büchse (eigentlich ein Vorratsgefäß) alles Unheil über die Menschheit bringt (einzig die Hoffnung verbleibt in der Büchse), und er lässt Prometheus im Kaukasus an einen Felsen schmieden und dort die größte Qual erleiden, denn ein Adler frisst konstant Teile seiner Leber, die immer wieder nachwächst, wodurch seine Qualen kein Ende nehmen. Nach dreißigtausendjähriger Qual wird er vom vorbeikommenden Herakles erlöst, der den Adler mit einem Pfeil tötet.

Abb.10: Hans Joachim Madaus, Prometheus und der Adler, Bleistift, 1997

*L' espérance, toute trompeuse qu' elle est, sert au moins à nous mener à la fin de la vie par un chemin agréable. – So täuschend die Hoffnung ist, führt sie uns doch wenigstens auf einem angenehmen Weg an unser Lebensende.*

***(La Rochefoucauld)***

In der antiken Bearbeitung des Stoffes wurde der Held Prometheus unterschiedlich gezeichnet. Hesiod stellt ihn als listig und hochmütig und als Mitglied einer Bande von Schurken und Rebellen dar, der zu Recht für seinen Frevel bestraft wird. Das Bild des Menschenfreundes Prometheus geht dagegen auf Äschylos zurück, und in dieser Form wurde es tradiert. Mit dem Feuer schenkte Prometheus den Menschen nicht nur Wärme, Licht und Schutz vor wilden Tieren, sondern auch den Schlüssel zu technischem Fortschritt, etwa dem Schmieden von Werkzeugen. Damit beginnt die Bändigung der Natur durch die Technik und mit der Technik die materielle Kultur. Das technische Wissen bringt Fortschritt und erleichtert das Leben, aber der Fortschritt fordert auch Opfer. Er hat seinen Preis. Was jedoch bleibt, ist die Hoffnung auf Beherrschbarkeit. Und so halten sich Technikstolz und Technikskepsis die Waage.

Den Gegendiskurs zum Fortschritt durch zivilisatorische Errungenschaften führt Jahrhunderte später der junge Goethe. In seiner sieben-strophigen Ode *Prometheus,* einem Werk der Rebellion aus der literarischen Phase während der Epoche des so genannten *Sturm und Drang,* steht der Titan programmatisch nicht für technische Errungenschaften, sondern für das schaffende Genie. In dieser Form wird der Mythos zentral für das Selbstbewusstsein des modernen Menschen.

Das selbstbewusste Ich klagt Zeus und die Götter an, die Bedrängten in ihrer Not allein gelassen zu haben. Deshalb sollen sie in ihren Wolken bleiben, sie sind belanglose Schmarotzer (*Ihr nähret kümmerlich von Opfersteuern und Gebetshauch eure Majestät*) und letztlich ärmer als die Ärmsten auf der Erde, die immerhin noch selber ihre Hütte bauen.

Die Strophen 4 bis 6 schildern in Frageform die Geschichte der Menschen als eine Emanzipations- und Fortschrittsgeschichte, wobei die Strophe 4 das Mythologem des Feuers umgekehrt spiegelt: *Wer half mir wider der Titanen Übermut? Wer rettete vom Tode mich, von Sklaverei? Hast du's nicht alles selbst vollendet, heilig glühend Herz?* Prometheus war übermütig, als er den Göttern das Feuer stahl, aber die Vollendung der Tat kommt vom Menschen. Statt vom Urelement Feuer zu sprechen, ändert Goethe in der Mitte des

Poems die Anrede und spricht emphatisch sein *Herz* an, in dem das Feuer der Leidenschaft und der Liebe *glüht*. Von daher ist auch der Neid der Götter auf den Herd des Menschen, wovon eingangs im Gedicht die Rede war, erklärlich.

Ein Zweites hat der Mensch den Göttern voraus: beide sind zwar unfrei und dem Schicksal unterworfen, aber der Mensch kann handeln und gestalten, er ist der Schöpferische, der sich in die Zukunft entwirft und bildet, genauso wie sich der Dichter - Goethe – selbstbewusst als Schöpfer sieht (Strophe 7):
*Hier sitz´ ich, forme Menschen nach meinem Bilde, ein Geschlecht, das mir gleich sei, zu leiden, weinen, genießen und zu freuen sich, und dein nicht zu achten, wie ich.*

Der Dichter, ein Proto-Messias?

Abb.11: Hans Joachim Madaus, Olymp, Mischtechnik, 1985

## 9.4.2 Der Sisyphus-Mythos

Bietet der Prometheus-Mythos ein Bild der Hoffnung, so ist Sisyphus der Gegenentwurf – ein Bild des Unglücks. Sisyphus soll um 1400 v. Chr. gelebt haben, König zu Korinth gewesen sein und sich durch Weisheit ausgezeichnet haben. Trickreich hat er mehrfach den Tod überlistet, indem er den Zugang zum Hades gesperrt und den Totengott Thanatos gefesselt hat. So entkam er mehrfach dem Hades. Seine letzte Tat ermöglichte ihm die definitive Rückkehr ins Leben, nachdem er seine Frau, die Plejade Merope, angewiesen hatte, ihn nicht zu bestatten und die Totenopfer für ihn zu verweigern. Das war dann wohl genug der Renitenz.

Als Grund für seine Strafe, die als *Sisyphusarbeit* sprichwörtlich geworden ist, nennen die antiken Autoren unterschiedliche Gründe, Verschlagenheit, Verrat oder Frevel. Jedenfalls wird er gezwungen, einen Felsblock auf ewig einen Berg hinauf zu wälzen, der, kurz bevor er den Gipfel erreicht hat, wieder hinab rollt und von neuem nach oben gewuchtet werden muss. Sisyphusarbeit, eine sinn- und hoffnungslose Arbeit ohne Aussicht auf ein Ende.

Für die Sisyphus-Rezeption der Moderne sind vor allem französischsprachige Autoren zu nennen wie Samuel Beckett (*Warten auf Godot*), aber vor allem Albert Camus (*Le Mythe de Sisyphe*), der Autor der menschlichen Absurdität. (Man könnte allerdings auch an *Moby Dick* von Melville oder *Der alte Mann und das Meer* von Hemingway denken.)

Camus beschreibt in sparsamen Worten eine Welt ohne Sinn a priori, der nur die Tat des Menschen (*l´action*) einen Sinn verleiht. Für den absurden Menschen geht es angesichts des Todes und der Inhumanität weder um Schuld noch um Rechtfertigung vor Gott, sondern um Verantwortung und Revolte (*la révolte*). *Il n´y a qu´un seul luxe.... c'est celui des relations humaines. – Es gibt nur einen Luxus, den der Beziehung zwischen den Menschen.)* (S.122). Für diesen Menschen der Revolte steht Sisyphus.

Zunächst geht Camus vom überlieferten Mythos aus. Er beschreibt Sisyphus als den absurden Helden par excellence, absurd sowohl wegen seiner Leidenschaften als auch wegen der über ihn verhängten Strafe. Seine Lebenslust und die Verachtung der Götter haben ihm die fürchterlichste aller Strafen eingebracht. Dann beschreibt Camus in aller Ausführlichkeit die mühselige Ausführung der Strafe. Aber er interessiert sich für etwas anderes. Der Stein ist hinuntergerollt, und Sisyphus muss in die Ebene hinabsteigen und die sinnlose Arbeit von Neuem beginnen. Camus stellt sich Sisyphus in diesem Augenblick der Hellsicht vor. *Un visage qui peine si près des pierres est déjà pierre lui-même. – Ein Gesicht in Pein neben den Steinen ist selbst zu Stein geworden.* (S.165) In dieser kurzen Zeit des Atemholens ist Sisyphus seinem Schicksal überlegen und stärker als der Felsen. Er ist überlegen, weil er sich keiner Hoffnung hingibt. Jedes Schicksal verliert seine Bedeutung, wenn man es verachtet: *Il n´ est de destin qui ne se surmonte par le mépris* (S. 166). Er übernimmt sein Schicksal in vollem Bewusstsein als individuelles Schicksal (*le destin*), nicht als Verfügung von oben (*la destinée*). Und dieser – sein Kampf nach oben (*vers les sommets*) ist es wert, geführt zu werden. Sisyphus ist weder verzweifelt, noch resigniert oder gebeugt. Im Gegenteil. Wir müssen uns Sisyphus als einen glücklichen Menschen vorstellen: *Il faut imaginer Sisyphe heureux* (S.168).

Camus lebte, was er schrieb. Er interessierte sich für den Mythos und wurde selber zum Mythos, zum Dichter des Absurden, der sich nach seinem Selbstverständnis (trotz eines abgeschlossenen Philosophiestudiums) primär als Künstler, nicht als Philosoph begriff und sich, auch wenn er Romane schrieb, als *créateur* (Schöpfer) bezeichnete, von dem er den *littérateur* (den Schriftsteller) negativ abgrenzte. Als Schöpfer seiner selbst beschrieb er sich und seine *attitude créatrice* nach dem Mythos des Sisyphus.

Was macht aber für Camus den Schriftsteller als Künstler aus?

Wie für Sisyphus, ist der Weg des Künstlers *demütigend* und *dunkel*, aber unabdingbar für ein großes Werk. Beide arbeiten und mühen sich ab *pour rien* (*für nichts*), das heißt, im Wissen, dass ihr Werk zerstört wird, – was den Künstler anlangt, – zerstört werden kann. Der Sinn der künstlerischen Arbeit liegt also nicht im geschaffenen Werk, sondern in der geduldigen, aber bedingungslosen Tat (*action*) und in einer nie endenden Herausforderung durch das Werk (*l´oeuvre*). Das Werk ist die Künstler-Existenz im permanenten Werden, in stets neuem Hin- und Hergerissen-Werden, und erst der Tod des Künstlers setzt dem Werden und dem Werk ein Ende.

Schöpferisch tätig sein bedeutet, *in Bildern denken* und in einer hoffnungsleeren *absurden* Welt *seinem Schicksal eine Form geben* (*Créer, c´est ... donner une forme à son destin.*), ohne Rückgriff auf eine höhere Macht.

> *Für sein Tun und Lassen darf man keinen andern zum Muster nehmen. – Man muss nach reiflicher Überlegung und scharfem Nachdenken seinem eigenen Charakter gemäß handeln. Also auch im Praktischen ist Originalität unerlässlich: Sonst passt, was man tut, nicht zu dem, was man ist.*
>
> ***(Arthur Schopenhauer)***

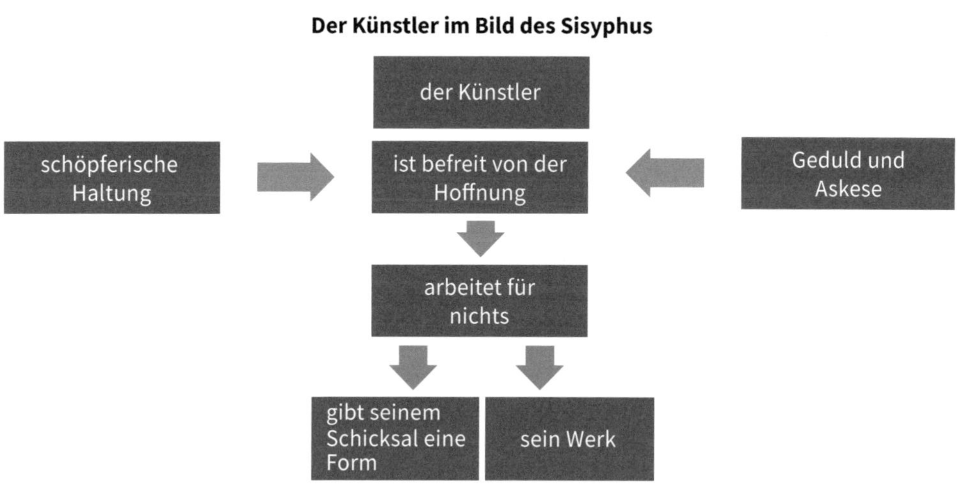


Abb.12: Schaubild: Der Künstler im Bild des Sisyphus

## 9.5 Mythen der Moderne

Die Arbeit am Mythos ist offensichtlich auch nach über 2000 Jahren Mythengeschichte nicht zu Ende, denn in den Mythen zeigen sich in verdichteter Prägnanz menschliche Eigenschaften und menschliches Verhalten in lebensweltlichen Bezügen. Sie sind deshalb mehr als eine Fiktion. Sie befriedigen emotionale oder religiöse Bedürfnisse und, was vielleicht das Wichtigste ist, sie haben uns auf ihre spezifische Weise immer noch etwas zu sagen. Etwas Irrationales oder etwas Fremdes verbirgt sich in ihnen, was uns dennoch oder gerade deshalb unsere Wirklichkeit widerspiegelt. Wenn es nicht so wäre, wären sie längst verschwunden.

Das Material des Mythos verändert sich allerdings. Waren es in der Neuzeit etwa bis zum 19. Jahrhundert Symbole, wie die Schönheit, Fortuna, die Liebe oder die Gerechtigkeit, die allegorisch als Frauengestalt dargestellt wurden, so kamen in der Moderne Symbole der Gefährdung (die *Femme Fatale*) oder der künstlerischen Selbstvergewisserung (*Prometheus, Sisyphus*) dazu. In den letzten Jahrzehnten wiederum wurde zum Beispiel im *Kennedymythos* eine ganze Dynastie, die extrem von Tod und Schicksalsschlägen heimgesucht wurde, zum Mythos.

Auch strukturelle wirtschaftliche Veränderungen und Umwälzungen mit (noch) nicht absehbaren Folgen oder gesamtgesellschaftliche Gärungs-Prozesse können zum Mythos werden: So verweist der Mythos *Zivilreligion* einerseits auf die im Gefolge der Aufklärung erfolgte Trennung von Politik und Religion zulasten der Letzteren, andererseits aber auf ein dem Staat zwar zugrunde liegendes sittlich-religiöses Fundament, auf dem er ruht, das ihm aber als ein geistig-moralischer Horizont seiner Bürger nicht verfügbar ist, ihn vielmehr auf seine Grenzen hinweist und dadurch auch herausfordern kann.

Ein anderer moderner Mythos wiederum, bezeichnet nach dem Epizentrum der IT-Branche als *Mythos Silicon Valley*, hat bereits seinen Glanz verloren und ist eher zu einer Legende geworden, denn er konnte seinen eigenen Anspruch entsprechend dem Motto von Google *Don´t be evil! (Sei nicht böse!* Besser zu übersetzen als: *Verhalte dich anständig!*), eine Welt der Meritokratie zu schaffen, in der Chancengleichheit herrscht und die offen ist für alle Kulturen und Lebensentwürfe, offensichtlich nicht einlösen.

Abb.13: Hans Joachim Madaus, Saks I - Mythos Marilyn Monroe, Mischtechnik, 1984

## 9.5.1 Mythen in historischer Perspektive

Ein besonderes Phänomen ist die Mythologisierung der Geschichte, meist verbunden mit einer Nationalisierung und Verzerrung der historischen Fakten durch selektive Interpretation, in der Absicht, eine Gesellschaft zusammenzuführen und für die Zukunft zu mobilisieren. Mit der Parole: *Kommunismus – das ist Sowjetmacht plus Elektrifizierung des Landes* wollte beispielsweise Lenin den Machtanspruch der Bolschewiki begründen und dem vom Bürgerkrieg zerstörten Gemeinwesen eine Hoffnungsperspektive eröffnen, nämlich die Modernisierung Russlands.

Weniger bekannt ist wahrscheinlich der *Trianonmythos*: Die Pariser Friedensverträge nach dem 1. Weltkrieg 1919/1920 (der von Versailles für Deutschland, der von *Sèvres* für die Türkei und eben der von *Trianon* für Ungarn) lösten in den Staaten, die zu den Kriegsverlierern gehörten, ein nationales Trauma aus, so vor allem in Deutschland mit der so genannten Dolchstoßlegende und in Ungarn. Diese beiden Länder hatten nicht nur bedeutende Gebietsabtretungen hinzunehmen, sondern speziell Deutschland und Ungarn – Ungarn als Nachfolger der Donaumonarchie – wurde (Mit-) Schuld am Krieg angelastet. Dem Trauma versuchten Politiker mit einem Mythos zu begegnen: In Deutschland behaupteten Militärs, das deutsche Heer wäre unbesiegt geblieben, wenn es nicht *von hinten* (gemeint sind vor allem die Sozialdemokraten) *erdolcht* worden wäre. Der *Trianonmythos* ist ein nationales Narrativ, das besagt, Ungarn sei das Opfer einer ungerechten Weichenstellung geworden. Es musste zwei Drittel seines Gebietes an die Slowakei und an Rumänien abtreten, in Rumänien auch Gebiete, die früher politische Zentren „Großungarns“ (T*ranssylvanien – Siebenbürgen*) waren und in denen mehrheitlich Ungarn wohnten.

## 9.5.2 Der Venedig-Mythos

Einen besonders komplexen Mythos stellt der *Mythos Venedig* dar. Er zeigt exemplarisch, wie sich aus einem *Topos* ein Mythos entwickelt hat und wie schwierig es deshalb sein kann, beide Begriffe voneinander abzugrenzen.

Wörtlich übersetzt, bedeutet das griechische Wort topos *Ort, Thema oder Gemeinplatz*. Es kann eine stereotype Redewendung (*über Geschmack lässt sich nicht streiten*), ein Sprachbild (d*ie Lebensreise, Herbst des Lebens*) oder ein Motiv (*die böse Fee*) sein, kann in deskriptiver oder metaphorischer Absicht benutzt werden.

Der Mythos hingegen beruht auf einem symbolgeladenen Raster von Implikationen, das ganz bestimmte Vorstellungen assoziiert. Er ist, wie schon gesagt, vieldeutig, in der Form offen und kann sich auf einzelne Ereignisse, Personen oder Typen beziehen, evoziert allerdings immer Ganzheitliches.

Venedig, – das ist zunächst ein literarischer Topos, der von deutschen (zu nennen sind vor allem Rainer Maria Rilke, Friedrich Nietzsche, Peter Huchel) und italienischen Schriftstellern (z.B. Pietro Aretino, Carlo Goldoni, Eugenio Montale, Alessandro Manzoni) entwickelt und überliefert wurde. Diese Schriftsteller fühlten sich von der besonderen Architektur der Lagunenstadt, ihrem Klima und nicht zuletzt vom Reiz ihrer Geschichte angezogen.

Die kosmopolitische Republik *Serenissima*, die *Heiterste* (genauer: *La Serenissima Repubblica di San Marco* nach dem Wahrzeichen des heiligen Markus), entwickelte sich in jahrhundertelangem Ringen in der Auseinandersetzung mit dem Papst, Spanien, Frankreich und in der Rivalität mit Florenz sozusagen gezwungenermaßen zu einer Seemacht, da ihr nach der Niederlage bei Agnadello 1509 jede territoriale Expansion innerhalb Italiens versperrt und sie so zu einer defensiven Politik der Neutralität gezwungen war. Im 16. Jahrhundert wird nach Auffassung des Venezianers und Germanisten Gio Batta Bucciol diese Neutralität sublimiert und mythisiert. Die raffinierte politische Struktur Venedigs, die zwischen einer Wahlmonarchie (in der Person des Dogen), dem Senat und dem Rat der Zehn als aristokratischem Element und dem Großen Rat als dem demokratischen Element oszilliert, steht in deutlichem Kontrast zum Pomp und zur Anmaßung europäischer absolutistischer Herrscher, was zahlreiche Intellektuelle veranlasste, nach Venedig auszuweichen. Auf dem Friedhof von San Michele kann man nachverfolgen, wie viele Künstler in Venedig ihre Heimat gefunden haben, vom Komponisten Igor Stravinsky über den Choreografen Sergej Dagilev bis zu den Dichtern Luigi Nono und Ezra Pound.

Bucciol vergleicht den Mythos Venedig mit einem anderen europäischen Mythos: Er sieht eine geistige und historische Analogie zum *Habsburgermythos*, der nach der napoleonischen Ära entstand, als Österreich 1866 durch die Auflösung des Deutschen Bundes aus dem Reich gedrängt wurde und Preußen mit der Gründung des Norddeutschen Bundes eine Vormachtstellung einnahm.

Abb.14: Hans Joachim Madaus, San Marco unter verkalkter Sonne, 1982

1797 ist die Republik Venedig zu Ende, aber der Mythos lebt weiter. Im Karneval zwischen Dreikönig und Aschermittwoch zeigt das düstere Venedig seinen morbiden Charme, besonders deutlich in den frühen Morgenstunden, wenn einsame Masken auf den Brücken sitzen und Schwermut ausstrahlen. Venedig wird sogar zum Todessymbol in der Novelle *Tod in Venedig* (1913) von Thomas Mann, von der dieser selber sagt, sie sei die *Geschichte von der Wolllust des Untergangs.* Diese Untergangsstimmung am Vorabend des ersten Weltkriegs wird 1971 unübertroffen in Szene gesetzt von Luchino Visconti und sinnlich erfahrbar in der Musik Gustav Mahlers, dem langsamen schwermütig friedlichen Adagietto aus dem 4. Satz der 5. Symphonie gleich zu Beginn des Films.

*Ein Doge*

*Fremde Gesandte sahen, wie sie geizten*
*mit ihm und allem was er tat;*
*während sie ihn zu seiner Größe reizten,*
*umstellten sie das goldene Dogat*

*mit Spähern und Beschränkern immer mehr,*
*bange, dass nicht die Macht sie überfällt,*
*die sie in ihm (so wie man Löwen hält)*
*vorsichtig nährten. Aber er,*

*im Schutze seiner halbverhängten Sinne,*
*ward dessen nicht gewahr und hielt nicht inne,*
*größer zu werden. Was die Signorie*

*in seinem Innern zu bezwingen glaubte,*
*bezwang er selbst. In seinem greisen Haupte*
*war es besiegt. Sein Antlitz zeigte wie.*

***(Rainer Maria Rilke)***

# 10. Religion im säkularen Staat

## 10.1 Das Böckenförde-Diktum

*Der freiheitliche, säkularisierte Staat lebt von Voraussetzungen, die er selbst nicht garantieren kann.*

Das so genannte Böckenförde-Diktum von 1964 des Staatsrechtlers und bekennenden Katholiken Ernst Wolfgang Böckenförde wurde vielfach kommentiert und kontrovers diskutiert. Seit den 50-er-Jahren setzte sich Böckenförde mit dem Thema des Verhältnisses zwischen Kirche und Staat auseinander. In seinem Aufsatz *Das Ethos der modernen Demokratie und die Kirche* von 1957 forderte er die vorbehaltlose Anerkennung der Demokratie durch die katholische Kirche, wodurch er zur Integration der katholischen Kirche in den Staat beitrug. Während des II. Vatikanischen Konzils engagierte er sich publizistisch im Sinne einer Öffnung und Reform der Kirche. Die Erklärung der Religionsfreiheit in *Dignitatis humanae* (*Die Würde des Menschen*) durch Papst Paul VI. 1965, in welche seine Gedanken eingegangen sind, wurde zurecht als kopernikanische Wende der katholischen Kirche gewürdigt.

Wie kann man nun dieses Diktum Böckenfördes verstehen?

Der Säkularisierungsprozess in Europa hat zur Trennung der kirchlich-religiösen Sphäre von der politischen geführt, was nach beiden Seiten Konsequenzen nach sich zog. Der Staat hat sich von der Religion emanzipiert und diese in die Gesellschaft zurückverwiesen, wodurch sie zu einer privaten Angelegenheit geworden ist. Der pluralistische liberale Staat schützt die Freiheitsrechte seiner Bürger und garantiert damit auch die Religionsfreiheit, er muss sich aber bewusst sein, dass er selber auf einer geistigen normativen Grundlage, auf vorpolitisch-moralischen Grundlagen existiert, die unabhängig von ihm entstanden sind und die er auch nicht beeinflussen kann und soll, auch weil seine Legitimitationsgrundlagen auf anderen, profanen Quellen (Aufklärung, Naturrechte) beruhen. Woher kommen dann aber die Regulierungskräfte, deren der Staat bedarf, wenn die Bindungskraft der Religion für ihn nicht mehr essenziell ist? Ein funktionierender Staat zehrt von der Werte-Basis seiner Bürger, er braucht ein verbindendes Ethos. Die Religion als Sinn stiftende Dimension kann deshalb auch einem säkularen Staat schon aus pragmatischen Gründen nicht gleichgültig sein, weil es ihm zugute kommt, wenn sich kritische Gläubige aus ihrem christlichen, jüdischen oder muslimischen Ethos heraus im Staat einbringen.

## 10.2 Religionsfreiheit im Grundgesetz der Bundesrepublik Deutschland

Im Grundgesetz der Bundesrepublik Deutschland ist die Religionsfreiheit nach Artikel 4 ein umfassendes Grundrecht. Es schützt – im positiven Sinn – nicht nur die Religionsfreiheit im eigentlichen Sinn, also die Wahl und die individuelle und kollektive Ausübung einer Religion, z.B. in Kirchen, Synagogen und Moscheen, sondern auch die Weltanschauungs- und Gewissensfreiheit. Religionen können sich organisieren und sind dann nach Artikel 140 Grundgesetz Körperschaften des öffentlichen Rechts. Allerdings kann die Religionsfreiheit kollidieren mit anderen verfassungsrechtlich garantierten Grundrechten. Ist die Beschneidung eines Jungen z.B. uneingeschränkt eine religiöse Handlung oder gibt es Vorschriften, die sich aus Artikel 2.2 Grundgesetz ergeben müssen? *Jeder hat das Recht auf Leben und körperliche Unversehrtheit.* Der Bundestag hat nach Abwägung beider Grundrechtsbestimmungen (Artikel 4 und 2.2) 2012 entschieden, dass die Beschneidung von Jungen aus religiösen Gründen erlaubt ist, aber nur nach den Regeln der ärztlichen Kunst, also fachgerecht.

Der Artikel 2.2 ist auch der Grund, warum Abtreibung in Deutschland nur als Ausnahme unter bestimmten Umständen zulässig ist und daraus kein Rechtsanspruch abgeleitet werden kann. Der Embryo ist ein Mensch und daher ein Rechtssubjekt und wird durch verschiedene Vorschriften geschützt. Das Bundesverfassungsgericht urteilt: *Wo menschliches Leben existiert, kommt ihm Menschenwürde zu.* (Vgl. BVerfGE 88, 203 – Schwangerschaftsabbruch II)

Neben der positiven Religionsfreiheit gibt es auch noch die negative Religionsfreiheit, d.h., die Freiheit, nichts zu glauben oder keinen Glauben zu haben oder zu praktizieren, was konkret bedeutet: Jeder kann durch Austritt auch eine Kirche oder eine Glaubensgemeinschaft verlassen. Dieses Recht ist angesichts religiöser Fundamentalismen unterschiedlicher Provenienz in seiner Bedeutung nicht zu unterschätzen.

## 10.3 Was die Welt zusammenhält – Jürgen Habermas und Joseph Ratzinger (Papst Benedikt XVI.) im Gespräch

Der Philosoph und Soziologe Jürgen Habermas, der sich selber (in Anlehnung an Max Weber) als *religiös unmusikalisch* bezeichnet, hat in seiner Dankesrede *Glauben und Wissen*, die er anlässlich der Verleihung des Friedenspreises des deutschen Buchhandels hielt, wenige Wochen nach dem 11. September 2001, deutlich gemacht, dass gerade in einer säkularen Welt ein neues Verständnis für religiöse Überzeugungen wachsen muss, ja, mehr noch, dass die säkulare Gesellschaft auf Religion als wichtiger Ressource angewiesen ist. Diese Überzeugung hat er dann 2004 in einem Gespräch mit dem Theologen Joseph Ratzinger vertieft. Unter dem Titel *Dialektik der Säkularisierung* wurden beide Statements publiziert.

Habermas wirft zunächst das Legitimationsproblem des säkularen Staates auf. Als pluraler Staat muss er einen modus vivendi finden, der von allen am Staat Beteiligten akzeptiert und gelebt werden kann. Die ideologischen Wurzeln des modernen Staates, auf die Habermas nicht explizit eingeht, reichen weit zurück. Sie sind im Christentum genauso zu finden, wie in den Gedanken der Aufklärung, als Denker wie Thomas Hobbes, John Locke, der Baron Montesquieu und Jean-Jacques Rousseau naturrechtliche Vorstellungen von Recht und Gerechtigkeit und vom Staat als Organisation vertraglicher Bindung entwickelten, die dann in der französischen Revolution und der amerikanischen Unabhängigkeit ihren konkreten Niederschlag gefunden haben. Das einigende Band im modernen Staat ist neben dem Prinzip der Legalität nach Habermas´ Auffassung der demokratische Prozess selber, in welchem Demokratie und Menschenrechte *gleichursprünglich miteinander verschränkt* sind (S.19).

Allerdings stehen wir heute, in der *postsäkularen* Zeit, wie Habermas an anderer Stelle ausführt, vor einer neuen Situation. Bisher tragende moralische Prinzipien bröckeln, *Folgelasten der Toleranz* (S.35) werden spürbar. Vermutlich denkt Habermas, wie Äußerungen aus jüngster Zeit nahelegen, an die Probleme, die durch die moderne Genetik in moralisch-ethischer Hinsicht entstanden sind. Auch der oft beschworene Verfassungspatriotismus scheint den Verlust von Werten nicht unbedingt ausgleichen zu können: Staatsbürgerliche Solidarität und eine Interessenvertretung, die sich am Gemeinwohl orientiert, können nicht erzwungen, nur *angesonnen* (S.23) werden. Habermas mahnt deshalb an, mit den kulturellen Quellen (also auch mit den religiösen) *schonend* umzugehen. Weltanschauliche Neutralität des Staates bedeute keinesfalls die politische *Verallgemeinerung einer säkularistischen Weltsicht* (S.36). Im Gegenteil, Staat und Philosophie hätten gute Gründe, sich gegenüber religiösen Überzeugungen *lernbereit* (S.30) zu zeigen, um die Erosion des Gemeinsinns, – so darf man wohl folgern, – zu stoppen.

Ähnlich betont Ratzinger die Verantwortung von Staat und Wissenschaft für eine gemeinsame Suche nach der *ethischen Evidenz* (S.48) von Entscheidungen. Das Naturrecht ist trotz der prinzipiellen Indifferenz des Staates gegenüber der Religion eine gemeinsam getragene *Argumentationsfigur* (S.50) geblieben, für den Staat in Form unveränderlicher Grund- oder Menschenrechte, während die Religion von der Gottebenbildlichkeit des Menschen ausgeht. Für beide aber ist der Mensch kein Produkt, sondern ein Subjekt. Ratzinger hat allerdings große Zweifel an der Verlässlichkeit der Vernunft, deshalb sind nach seiner Meinung verschiedene normative Elemente zurecht der Mehrheitsentscheidung entzogen. Er konstatiert sogar *Pathologien der Vernunft* (S.56)*;* der Mensch in seiner Hybris der Vernunft ist in Gefahr, die Moral der Effizienz unterzuordnen. (Man ahnt besonders an der Stelle die gedankliche Konvergenz der beiden Gesprächsteilnehmer und ihre Bedenken, gerade auch gegenüber den Naturwissenschaften, speziell der Genetik.)

Aufgrund der *Polyphonie* der Kulturen und *faktischen Nichtuniversalität* (S.54) ethischer Normen, – weshalb er auch der Idee eines die Menschheit verbindenden *Weltethos* (Küng) skeptisch gegenüber steht, – sieht Ratzinger nur einen Weg: Die Vernunft muss immer wieder auf ihre Grenzen hingewiesen werden und *hörbereit* sein gegenüber den *großen religiösen Überlieferungen der Menschheit* (S.56).

# 11. Ausblick

Ist es sinnvoll, die Welt in Dualismen oder Antinomien wie Religion kontra Mythos, Glauben kontra Wissen, Vernunft kontra Gefühl zu beschreiben? Es wurde deutlich, und wir wissen es alle, dass ein solches Verfahren der Komplexität des Lebens nicht gerecht wird. Der moderne Mensch glaubt allerdings, im Vertrauen auf die Kraft der Rationalität, in der instrumentellen Vernunft ein Regulativ und ein Ordnungsprinzip gefunden zu haben, das uns im Gewirr verschiedenster Geltungsansprüche gesellschaftlicher, individueller, politischer Art ermöglicht, die gesellschaftlichen Beziehungen zwischen *Genesis und Geltung*, wie es Habermas ausdrückt, auf der Basis gemeinsamer ethischer Grundüberzeugungen und unter Einbezug des „Religiösen" (als einer Art Subkategorie) vernünftig zu regeln. Das Gesicht der instrumentellen Vernunft zeigt sich dann allerdings konkret als Dominanz der Technik in Verbindung mit gesellschaftlicher Macht, nicht zuletzt deshalb, weil die rationale Vernunft ungern eine andere, die religiöse oder die emotionale Vernunft beispielsweise, als gleichberechtigtes Korrektiv neben sich duldet. Fatalerweise reflektiert diese rational-technische Vernunft aber vorwiegend auf die Mittel beziehungsweise die Unternehmensziele mit dem Idealziel der Gewinnmaximierung, aber nicht unbedingt auf Ziele im Sinne der Verbesserung der sozialen Integration und des Zusammenlebens jenseits der Ökonomie.

Das Vertrauen in die Beherrschbarkeit von Welt und Technik ist allerdings erschüttert worden – und wird immer wieder erschüttert werden. Schon in der Erfindung der Atombombe hat sich die Ambivalenz wissenschaftlicher Forschung gezeigt, mit der Entwicklung der modernen Genetik stellen sich aber noch ganz andere, elementare ethische Fragen: Darf der Mensch alles, was er kann? Nein, aber woher nehmen wir die Kriterien für die Selbstbeschränkung? Zwar besitzt jede Wissenschaft ein ihr eigenes Ethos, in der Übertragung der Erkenntnisse auf die Praxis werden jedoch, gerade auch in den Naturwissenschaften, sehr unterschiedliche

Normen deutlich beziehungsweise, es kommt nicht selten zu einer Normenkollision. In der Bundesrepublik liegt die normative Entscheidung dann immer öfter beim Bundesverfassungsgericht (jüngstes Beispiel die Entscheidung zur gewerblichen Beihilfe zum Selbstmord).

Trotz gewachsener Ansprüche und immer komplexer werdenden Aufgaben fehlt es dem modernen Nationalstaat in der Regel nicht an Instrumenten zur Daseinsgestaltung, wenn er auch in Zeiten von Epidemien oder globalen Wanderbewegungen, wie derzeit beobachtet werden kann, an seine Grenzen stößt. Seine Legitimität, die aus der Legalität, der Volkssouveränität und der Gewaltenteilung erwächst, wird zum Glück immer noch von der breiten Mehrheit der Bürger nicht in Frage gestellt. Allerdings wird die Bindungskraft des Staates beziehungsweise seiner Einrichtungen (Beispiel: Parteiendemokratie) schwächer. Verantwortung für sich und den Anderen innerhalb eines gemeinsamen Werte-Horizontes und im Kontext gelebter Beziehungen zu übernehmen, muss aber gelernt und eingeübt werden. In der fragmentierten pluralen Gesellschaft, die sich immer weiter ausdifferenziert und individualisiert, wird dies jedoch zusehens schwieriger. Die politische, aber auch teilweise die religiöse Sprache, scheint vielen Menschen sehr weit von ihrer Lebenswirklichkeit entfernt zu sein. Viele fühlen sich aus unterschiedlichen Gründen nirgendwo mehr richtig zugehörig. Vielleicht kommt es nicht von ungefähr, dass zu Beginn der letzten Legislaturperiode das Bundes-Innenministerium mit dem Zusatz *Bundesministerium des Innern, für Bau und Heimat* einen neuen Bereich zugewiesen bekommen hat, den der Heimat, wobei sich allerdings noch nicht so genau erschließt, was sich dahinter konkret verbirgt. Das Wort *Heimat* hat auf jeden Fall eine emotionale Komponente. Es ist mehr als ein Begriff; es suggeriert einen Sach- und Sinnzusammenhang, mehr noch, ein Weltbild, eine Weltordnung im Kleinen, in der man sich heimisch fühlt und mit der man sich identifiziert. *Heimat* hat noch ein bisschen etwas vom Zauber eines Mythos.

*Aufklärung zerfasert ohne eine emotional zündende Idee.*

***(Gio Batta Bucciol)***

# Literaturverzeichnis

Ernst Bloch, Das Prinzip Hoffnung, 3 Bände, Suhrkamp Taschenbuch, Frankfurt / Main 1982

Friedrich Schleiermacher, Reden über die Religion, in: Die Deutschen Romantiker, Band 1, S. 357-376, Verlag Das Bergland Buch, Salzburg 1986

Sophia Vallbracht, Die normative Kraft des Decorum, Angemessenheit bei Cicero, Ambrosius und Augustinus, Narr Francke Attempto Verlag, Tübingen 2019

Frank Zöllner, Christof Thoenes, Michelangelo, Leben und Werk, Taschen, Köln 2007

Giorgio Vasari, Lebensläufe, Manesse, Zürich 1989

Navid Kermani, Ungläubiges Stauen über das Christentum, Beck, München 2015

Friedrich Hebbel, Werke in drei Bänden, Aufbauverlag Berlin und Weimar 1966, Band 1

Emmanuel Levinas, Zwischen uns, Carl Hanser Verlag, München 1995, Freiburg/Breisgau 1983

Emmanuel Levinas, Wenn Gott ins Denken einfällt, Verlag Karl Alber, München 2004

Franz Kafka, Brief an den Vater, in: Hochzeitsvorbereitungen auf dem Lande, Fischer Verlag1986

Franz Kafka, Der Steuermann, in: Beschreibung eines Kampfes, Fischer Verlag 1986

Platon, Der Staat, Voltmedia, Paderborn

Albert Camus, Le mythe de Sisyphe, Gallimard 1942

Jürgen Habermas, Joseph Ratzinger, Dialektik der Säkularisierung, Herderverlag 2007

Hans Joachim Madaus, Gio Batta Bucciol, in: Mythos Venedig / Il Mito Veneziano, Narrverlag, Tübingen 1984

Biblia Sacra, Der unbekannte Dali, Jan Thorbecke Verlag, Ostfildern 2019

## Internetseiten:

Rut das Frauenbuch, unter: http://www.osservatoreromano.va/de/news/rut-das-frauenbuch-des-alten-testaments, last access 27.04.2020

Das Bibellektion, hier das Rut / Rutbuch, unter: https://www.bibelwissenschaft.de/wibilex/das-bibellexikon/lexikon/sachwort/anzeigen/details/rut-rutbuch/ch/1aed6c26070b1f08749f8accf451b05b/, last access 27.04.2020

Emmanuel Levinas, Die Spur des Anderen, Verlag Karl Alber, unter:
https://www.deutschlandfunk.de/philosophie-eines-ueberlebenden.700.de.htm, last access 27.04.2020

## Abbildungsverzeichnis

Alle Schaubilder: Angela Madaus, urheberrechtlich geschützt